歐冠之王

Cristiano Ronaldo

C羅

跨越國界，
統治歐洲的金球霸主

從曼聯到皇馬再到尤文的傳奇之旅，見證一代足球巨星的誕生——

他一個人，就是一本書、一部史
濃縮了將近二十年來的歐冠傳奇

念洲　著

目錄

目錄

序言　征服

序言　征服

2018 年 5 月 6 日。

歐洲東部，烏克蘭首都，基輔。

夜，漆黑如墨，就像孩童頑劣，打翻了桌上的墨寶。濃墨渲染了整個夜空，將一輪白月也染了黑。

長夜如萬古。

夜空之下，卻是人聲鼎沸，只因那喧鬧的奧林匹克球場中央，矗立著這麼一尊獎盃，名喚「大耳聖盃」。

這尊獎盃，既如武林至寶，又似絕世美人，歷經六十餘載的風霜浸洗，足跡踏遍歐洲各國，引得無數豪雄競相逐鹿、痴心不悔。所有人，都想將它據為己有，都欲視之為禁臠。可是它，卻一直在尋找著、等待著自己真正的主人。

這人是誰？必得是一位王者。他才高八斗、胸懷遠志、傲視群雄、睥睨天下，一次又一次地打敗所有對手，坐定江山成一統，再將它攬入懷中，肆意把玩。

天不生此君，萬古如長夜。

這一夜，它必將被人再次舉起。但，會是那個他嗎？

九十分鐘過後，答案已經落定。銀鞍照白馬，颯沓如流星。他來了，在六萬觀眾面前，右手抱起它，左手五指齊張，英俊的面龐，掛上了極其燦爛的笑容。

時間在那一剎那驟然靜止。它終於等來了這一刻，可以向

所有仰慕者、追求者、問鼎者莊嚴宣告：這個男人——克里斯蒂亞諾·羅納度（Cristiano Ronaldo）——就是我真正的主人，我願將他稱為「王」、「歐冠之王」。

他承擔得起嗎？承擔得起。五根手指，代表著五個歐冠冠軍，意味著它已是第五次被他舉起。

在旁人看來，哪怕舉起一次，都要費盡千辛萬苦，還得感謝耶穌、神佛的庇佑。要知道，多少響徹寰宇的名字，終其一生，也沒有品嘗過歐冠冠軍的滋味，如羅納度（Ronaldo）、卡納瓦羅（Cannavaro）、范尼斯特魯伊（Van Nistelrooy）、托蒂（Totti）、巴提斯圖達（Batistuta）、羅貝托·巴吉歐（Roberto Baggio）、內德維德（Nedvěd）、巴拉克（Ballack）、博格坎普（Bergkamp）、維埃拉（Vieira）、圖拉姆（Thuram），或許可能會再加上伊布拉希莫維奇（Ibrahimović）、布馮（Buffon）等等。

而他與它，卻似乎天生有著特殊的緣分，因為無論他身披何種戰袍——紅色的，還是白色的，總能感應到它的存在，然後一步步接近，直到抱得聖盃歸。

不信？那麼我可以告訴你：自從1992年歐冠聯賽改制以來，沒有任何人，比他的捧盃次數更多；只有一家俱樂部——皇家馬德里隊（以下簡稱「皇馬」）比他的捧盃次數更多，其他所有你喜歡的、熱愛的、信仰的俱樂部，都不如他；自從1955年歐洲冠軍盃誕生以來，只有皇馬傳奇名宿弗朗西斯科·亨托（Paco

Gento）一個人，曾經六次奪得「大耳聖盃」，比他的捧盃次數更多。

他，是歐冠歷史上總出場次數第二多的人（成為最多的人，只是時間問題），是歐冠歷史上總進球數最多的人，是歐冠淘汰賽歷史上進球數最多的人，是歐冠半決賽歷史上進球數最多的人，是歐冠決賽歷史上進球數最多的人，是歐冠單賽季歷史上進球數最多和第二多的人⋯⋯

他一個人，就是一本書、一部史，濃縮了將近二十年來的歐冠傳奇。

但曾經，他只是大西洋小島上的一個頑劣孩童，在石棉瓦片搭建的屋頂下生活，在崎嶇的街道上玩耍。太陽從海上升起，從海上落下；落日餘暉下，他瘦削的影子總會映在泥濘的球場上，直到夜黑如墨。

終於，他從小島上走出來了，見識了世間的繁華。但「歐冠之王」，也只不過是痴人說夢的奢望。勞爾（Raúl）、席丹（Zidane）、英薩吉（Inzaghi）、卡卡（Kaká），太多人已經走在了他的前面，他們看起來是那麼地遙不可及，而他們比他更為接近「歐冠之王」的寶座。就連比他起步還要晚的梅西，都已經將他甩在了身後。

前路何其漫漫，又多麼艱險，豈是二十年前那個一輪就哭的「愛哭鬼」所能走完的？但倔強的瘦弱少年，胸中有火、眼裡

有光，把足球扛在肩頭，細長的雙腿，邁出堅韌的腳步，開始丈量與「歐冠之王」間的距離。

　　跌倒，爬起。再跌倒，再爬起。終有一天，那少年，紅袍似火，白衣勝雪，高呼一聲「劍來」，巨闕出匣，搖盪碧空，斜明隙月，一天星斗無顏色。而那距離，也一公分、一公分地被縮短，直歸於零。

　　王者終降臨。

　　而本書要為各位講述的，就是克里斯蒂亞諾・羅納度的「成王之路」。我們還是按照中文的習慣，叫他 C 羅吧。這不是一個玄幻故事，也不是一本超能力小說，我們的主角，沒有像故事、小說、話本裡的男主角們那樣奇遇連連，頻開「金手指」，第一次登場時，他還只是一個未滿 18 歲的孩子，懵懵懂懂，渾然不知天已降大任於斯人也。

第一章　初見

　　「讓我們在他身上賭一把吧！他會比尤西比奧（Eusébio）和路易斯‧菲戈（Luís Figo）更出色。」葡萄牙體育俱樂部（以下簡稱「葡萄牙體育」）的時任主教練博洛尼（Laszlo Boloni）說道。那個「他」，指的就是C羅，而博洛尼在這場豪賭中放入的第一個籌碼，就是對陣國際米蘭隊（以下簡稱「國際米蘭」）的歐冠聯賽資格賽。「歐冠之王」與歐冠的不解之緣，也就從此開始了。

雛鷹展翅乘風起

2002 年 8 月 14 日，是 C 羅永生難忘的日子，也是所有羅迷應該永遠銘記的日子。

那一天的光明球場，迎來了 2002-2003 賽季歐冠聯賽資格賽第三輪的首回合較量，葡萄牙體育坐鎮主場迎戰義甲豪門國際米蘭。

那裡也是 C 羅的主場。那一天的他，僅 17 歲 6 個月又 9 天。

比賽第 58 分鐘，博洛尼令旗一揮，C 羅來到了場邊。心跳加速、呼吸急促，他的內心，遠沒有表面看上去那麼淡定，充滿渴望與好奇的眼神，也出賣了他。15,000 名球迷的灼熱目光，聚焦在他的身上，而他的思緒卻禁不住飄遠，飄回了五年之前。

五年前，只有 12 歲的 C 羅，在母親、姐姐和妹妹的淚光之中，一個人孤零零地坐上了飛機，離開了家鄉馬德拉島，來到了葡萄牙的首都里斯本，加入了葡萄牙體育的青訓營。

接下來的五年，就是他一生中最艱難的日子：與無憂無慮的快樂時光告別，沒有親人的陪伴，在一個完全陌生的環境裡，承受著這個年齡本來不該承受的責任與壓力。他在踢球，更是在養家餬口，一個月 50 歐元的青訓收入得全部上繳給母親多洛蕾絲（Dolores），再由她進行分配。後來，他的收入漲到了每月 250 歐元，可大部分還是拿來補貼家用。

　　壓力之下，C 羅成熟得很快，而他的足球天賦，更快地吸引了所有人的目光。從 16 歲以下青年隊，到 17 歲以下青年隊，再到 18 歲以下青年隊，遠超同齡人的優秀，讓他鯉魚躍龍門般急速竄升，最終在 2001 年 8 月，與葡萄牙體育簽下了人生中的第一份職業合約。

　　然後，C 羅時刻都在等待著一線隊正式比賽的出場機會。不過，直到一年之後，屬於他的機會才姍姍遲來。

　　球迷們的掌聲，將 C 羅的思緒帶回到現實，但他依然感到有些難以置信：被選進比賽大名單已經夠出乎意料，原本以為只是湊數用的，沒想到，竟然真的要上演職業生涯和歐冠生涯的處女秀了！

　　他看向場上的隊友們：右翼鋒誇雷斯馬（Quaresma），比他大兩歲的天才球星，被公認為葡萄牙足球未來的希望；左翼鋒托尼托，每天都接自己訓練、送自己回家的「大哥」；前腰佩德羅‧巴爾博薩（Pedro Barbosa），葡萄牙國家隊現役國腳；前鋒尼庫萊（Niculae），羅馬尼亞國家隊國腳，博洛尼的愛將。

　　再看向對面的對手們，個個都是名頭響亮的世界級球星：2000 年歐洲盃一戰封神的托多（Toldo），阿根廷國家隊隊長薩內蒂（Zanetti），馬特拉齊（Materazzi）、科爾多巴（Córdoba）、科科（Coco）、迪比亞吉奧（Di Biagio）、達馬特、莫菲奧（Mor-feo）、維耶里（Vieri）、卡隆（Kallon），還有同胞前輩、葡萄牙

國家隊「黃金一代」的代表球員之一孔塞桑（Conceição）。

　　該畏懼嗎？該害怕嗎？C羅默默問自己，卻感覺到內心的興奮之情越來越按捺不住，冥冥之中，似乎有一股力量在拚命召喚著他，讓他邁出踏上歐冠賽場的那一步。

　　於是，C羅邁出了步伐 —— 歷史，從這一刻開始改寫。

　　少年C羅，披掛上陣，換下托尼托。身穿28號球衣，身材瘦削，一頭捲髮，看上去一點也不起眼，但很快，他的表現就驚豔了賽場裡的每一名球迷：右邊線帶球，一個急停，右腳將球從腳後面拉到左側，晃開了科科的防守；面對補防上來的迪比亞吉奧，又用右腳連續拉球，轉了個圈，頓時將對手甩掉。

　　一連串出其不意的動作，連貫流暢，瀟灑自如，信手拈來。面對義甲豪門的頂級巨星們，17歲的C羅敢帶球、敢突破，勇於做動作，短短半小時時間，就向人們展現出了一個自信無畏、充滿靈氣、天賦異稟的足球天才的形象。這就是C羅留給足球世界、留給歐冠聯賽、留給所有球迷的最初印象 ——博得滿堂彩。

　　遺憾的是，沒有進球、沒有助攻、沒有勝利。C羅的歐冠處女秀，就這麼結束了，還沒踢過癮呢。而13天之後的次回合較量，他並未再次進入比賽名單當中，葡萄牙體育0比2負於國際米蘭，最終以相同的兩回合總比分被淘汰出局，無緣2002-2003賽季歐冠聯賽的正賽階段。

　　C羅的第一個歐冠賽季，戛然而止。或者，說它是「第零個歐冠賽季」，也許更為妥帖，因為C羅畢竟還沒有登上歐冠正賽的舞臺，這場歐冠資格賽，終究只是一個鋪墊，是「成王之路」上的第一塊墊腳石罷了。

　　不過，他還有歐洲聯盟盃可以參加，那同樣是一項歐戰賽事。葡萄牙體育的對手是貝爾格萊德游擊隊——塞爾維亞足壇的傳統勁旅。

　　首回合比賽，C羅在下半場替換魯伊·若熱（Rui Jorge）上陣。可是，依然沒有等來進球。次回合，他終於迎來了職業生涯的首次首發出場，但踢的不是邊鋒，更不是中鋒，而是343陣型裡的右翼衛！

　　What？讓C羅踢翼衛？這不是暴殄天物嗎？現在哪支球隊、哪位教練敢這麼用他，肯定會被球迷罵死，當然，也不可能有人會這麼做，連想都不敢想。可是，當時C羅只有17歲，隊內的地位還在誇雷斯馬之下，所以，必須接受主教練做出的任何安排，特別是必須要承擔防守方面的任務。

　　這是一場進球大戰，兩支球隊踢得非常刺激、精彩，以3比3握手言和。可惜的是，葡萄牙體育還是以4比6的總比分止步，未能闖入聯盟盃的第二輪。而這三顆進球，都與C羅沒有半點關係，第74分鐘，他就被尼庫萊換下了。

　　沒人會責怪C羅不進球，更沒人會把進球的擔子放在他

一個人身上，畢竟這孩子還沒有成年嘛！但是，從小就好勝心高漲、自負心極強的他，絕對不甘心如此，他一定得要進一次球，讓所有人都好好看看！

2002 年 10 月 7 日，又是一個值得銘記的日子，因為 C 羅的目標實現了。

那是葡萄牙足球超級聯賽 2002-2003 賽季第 6 輪的比賽，葡萄牙體育坐鎮主場迎戰摩里倫斯隊。第 34 分鐘，隊友腳後跟妙傳，C 羅中路接球。此時，他的眼裡只有球門，腦子裡只想著進球。前面有兩名防守球員？那就過掉他，再過掉另一個。

連過兩人之後，C 羅殺入禁區，面對對方門將，冷靜地右腳推射，球應聲入網 —— 職業生涯的處女球，終於誕生！

一個進球還不夠。血脈賁張的他已經殺紅了眼。全場比賽結束前，隊友右路任意球傳中，C 羅在禁區中路高高躍起，頭球叩關，將球頂入網內，梅開二度！

日後，我們還會看到 C 羅的無數次破門得分，無數次頭槌得手，有些起跳，甚至要突破人類的極限。但無論哪一次，都沒有這第一次來得珍貴。

最重要的是，歐洲乃至世界足球史上最偉大的「進球機器」，歷史上正式比賽進球最多的球員，從此，拉開了傳奇的帷幕。

　　整個 2002-2003 賽季，初出茅廬的 C 羅在葡超聯賽裡出場 25 次，攻進 3 球；葡萄牙盃出場 3 次，攻進 2 球；歐冠資格賽出場 1 次，沒有進球；歐洲聯盟盃出場 2 次，沒有進球——各項賽事總計出場 31 次，攻進 5 球——對於一個 17 歲的少年來說，這已經是一份相當不錯的成績單了，而他未來的表現，只會更好。

　　2002-2003 賽季的歐冠江湖，沒有 C 羅的名字，但有義甲群雄、有尤文圖斯、有 AC 米蘭。我們從現在回過頭去看那段往事，才恍然明白，那竟然是屬於「小世界盃」的最後的集體狂歡與輝煌。

　　2003 年 5 月 28 日，英國曼徹斯特的老特拉福德球場，歐冠決賽迎來「義甲德比」。尤文圖斯與 AC 米蘭聯袂奉獻了一場典型的義大利式對決：防守、防守、防守；緊張、沉悶、窒息。

　　90 分鐘的常規時間，再加上 30 分鐘的加時賽，滿滿 120 分鐘，兩支球隊加起來，一共只有 7 腳射正，沒有一次攻破對手的大門，生生鏖戰到了最殘酷的罰球大戰。

　　罰球大戰，也是門將的對決。義大利門神布馮的表現已經很出色，撲出了荷蘭中場西多夫（Seedorf）和喬治亞後衛卡拉澤（Kaladze）的罰球。但巴西國門迪達（Dida）的發揮更優異，將法國前鋒特雷澤蓋（Trézéguet）、烏拉圭前鋒薩拉耶塔（Zalayeta）、烏拉圭鐵衛蒙特羅（Montero）的罰球均拒之門外。

　　舍甫琴科（Shevchenko）第 5 個出來主罰，右腳勁射，一蹴而就，決定了冠軍的最終歸屬。領獎臺上，AC 米蘭的隊長保羅・馬爾蒂尼（Paolo Maldini），職業生涯第四次捧起歐冠冠軍的獎盃，從 1989 年到 2003 年，跨越三個年代，「偉大的左後衛」，和他心愛的紅黑俱樂部（AC 米蘭）一樣，依舊偉大。

　　我們無法確切地知道，三個多月前已經過了 18 週歲生日的 C 羅，到底有沒有在電視機前觀看這場歐冠決賽，更不會知道，他有沒有料到，15 年之後，自己竟然會加盟這兩支決賽球隊中的一支。

　　但我們確定、一定以及肯定地知道，C 羅的心中對於歐冠冠軍，充滿了無限的期待與無窮的渴望。顯然，葡萄牙體育是不可能滿足他的期待與渴望的，想要夢想成真，就只能選擇離開，揚帆遠航，去星空和大海闖蕩。

一朝成魔天下知

　　葡萄牙體育俱樂部裡的所有人，其實心裡都非常清楚，他們的這位年輕天才是遲早都要離開的，而且這一天，已經越來越近了。

　　這不僅是因為葡萄牙足壇的「廟」實在太小了，只能當作一

個跳板，而奔赴西甲、英超、義甲、德甲、法甲等歐洲五大聯
賽，一直以來都是葡萄牙本土足球天才們的「宿命」。更因為 C
羅的志向非常遠大，決心異常堅定，還聘請了手腕驚人、長袖
善舞的若熱・門德斯（Jorge Mendes）作為自己的經紀人。

最早接觸 C 羅的歐洲豪門，就是國際米蘭，而且是在那場
歐冠交鋒的一年多之前。國際米蘭名宿、莫拉蒂（Moratti）主席
的顧問路易斯・蘇亞雷斯（Luis Suárez）親自前往里斯本考察，
現場觀看了 16 歲少年的比賽，立刻驚為天人，回去就要莫拉蒂
趕緊買人，甘願自掏腰包，拿出 100 萬美元當轉會費！

可是，當時的「莫老爹（莫拉蒂）」眼裡只有成名的世界級
球星，根本不打算在「小鬼頭」身上下任何賭注，就這樣，「藍
黑軍團」與 C 羅擦肩而過。

等到 C 羅完成歐冠首秀之後，更多的豪門聞風而至：皇家
馬德里、巴塞隆納、尤文圖斯、國際米蘭、兵工廠、曼聯、利
物浦、馬德里競技、瓦倫西亞，等等。而門德斯居中牽線，也
忙得不亦樂乎，甚至還與其中一些球隊達成了口頭協定。

其中，最接近簽下 C 羅的，是當時正如日中天的英超豪門
兵工廠。在法國人阿爾塞納・溫格的率領下，兵工廠打破了曼
聯對英超冠軍的壟斷，正準備迎接一個不敗的偉大賽季。

而與莫拉蒂不同，溫格是愛才之人，對年輕新星尤其青
睞，一見 C 羅的驚才絕豔，就動了心思。

那麼，C 羅到底有多接近加盟兵工廠呢？答案是：真的非常非常接近。

2003 年初，C 羅專程坐飛機去往倫敦，參觀兵工廠的訓練基地，不僅與主教練溫格（Wenger）、隊內頭號球星、自己的偶像之一蒂埃里‧亨利（Thierry Henry）見面聊天，甚至還穿上了兵工廠的球衣。

或許當時溫格心中暗暗得意：我們誠意滿滿，C 羅看上去也十分感動，這下沒問題了吧？

與此同時，兵工廠也派出大老飛往里斯本，與葡萄牙體育進行談判。這位大老是誰？俱樂部副主席大衛‧戴恩（David Dein），英超聯賽的創始人之一，也是溫格在兵工廠最信任的人，在英國足壇縱橫捭闔，談判無往不利。

我們不妨試著想像一下：如果 C 羅真的加盟北倫敦豪門，那麼英超聯賽和歐冠聯賽的歷史，都將會被重新改寫，那麼，2006 年奪得歐冠冠軍就不會是巴塞隆納（以下簡稱「巴薩」），而是兵工廠了。

然而，兵工廠一直沒能完成這最後的「臨門一腳」，這是因為溫格的老毛病 —— 想省錢，買家的報價一直無法令賣家感到滿意。倒也不是葡萄牙體育貪得無厭，手握「絕世美玉」者，怎會如此輕易地、便宜地放人呢？換成誰，都想在 C 羅身上撈一筆，大多數葡萄牙球隊，也是以此為生的。

這麼反反覆覆下來，就到了 2003 年夏天。與各路買家的談判，還在多方面地持續推進中，葡萄牙體育也照常踢友誼賽、備戰新賽季。而 8 月 6 日這一天，似乎是天意，葡萄牙體育遇到了曼聯，C 羅遇到了弗格森（Ferguson）。

其實，曼聯一直在盯著 C 羅呢。早在一年之前，弗格森的助理教練、同為葡萄牙人的凱羅斯（Queiroz），就把我們的年輕天才推薦給了「紅魔（曼聯）」主帥。不過，調教過、對陣過無數頂級巨星的「弗爵爺」深諳一個道理：只有自己親眼所見，才能對一名球員的天賦有最直觀、最深切的了解與感受。

在這場友誼賽中，弗格森看到了他想看到的一切。C 羅本場首發出場擔任左翼鋒，對上的是曼聯右後衛約翰·奧謝（John O'Shea）。奧謝是曼聯青訓出身，比 C 羅大 4 歲，此時，他已經在一線隊站得住腳，算得上小有名氣，連英超對手都要敬他三分。

可是，他偏偏遇上了 C 羅，一個根本不把他放在眼裡的年輕後生，於是，他經歷了噩夢般的 45 分鐘。

C 羅宛如球場上的精靈，輕盈敏捷、靈動跳脫，不斷地耍花樣，搞得這位未來的曼聯隊友狼狽不堪、丟盡顏面。

堂堂奧謝，何時受過如此羞辱？難熬的半場比賽結束，回到更衣室之後，他崩潰了，大吼著：「這個該死的小子到底是誰？」

　　弗格森卻滿意地笑了，根本不理會暴怒的奧謝，立刻向曼聯俱樂部的 CEO 肯揚（Kenyon）下了不可違抗的命令：不簽下 C 羅，曼聯就不離開葡萄牙。這個染著金髮的小子，他要定了！

　　當時，曼聯已經將大衛・貝克漢（David Beckham）賣給了皇馬，痛失這位最具知名度、影響力和票房號召力的英格蘭頭號「搖錢樹」，還在與巴薩的競爭中敗下陣來，無緣簽下巴西的天才球星羅納迪諾（Ronaldinho）。

　　所幸，這一次，他們沒有再錯過更加年輕、更有未來的 C 羅。1,224 萬英鎊的轉會費，現在看來不算什麼，在當年可不是一個小數目。曼聯與葡萄牙體育達成協定，沒有拖延，不用回租，C 羅，立即、馬上、迅速地登上了「夢劇場」。

　　在葡萄牙體育，C 羅穿的是 28 號，來到曼聯之後，他還想繼續，這也符合新人、小將的身分定位。但令人完全沒有想到的是，弗格森竟然毫不猶豫甚至有些強硬地將曼聯隊史上最傳奇的號碼 ── 7 號 ── 塞給了他。

　　7 號球衣之於曼聯的意義，足球迷們都知道。它，代表的是這家俱樂部的無上榮光，是從喬治・貝斯特（George Best）、布萊恩・羅布森（Bryan Robson）、埃里克・坎通納（Eric Cantona）、大衛・貝克漢繼承下來的偉大傳統 ── 所謂「衣缽」，即如此。

在這些偉大 7 號當中，與巴比・查爾頓爵士（Sir Bobby Charlton）、丹尼斯・羅（Denis Law）並稱「神聖三位一體」的喬治・貝斯特，為曼聯 1968 年首次奪得歐冠冠軍立下過汗馬功勞，尤其是在「紅魔」對陣本菲卡隊（以下簡稱「本菲卡」）的歐冠決賽加時賽中，這位威爾斯邊鋒打入了一顆極為關鍵的球。

至於大衛・貝克漢的故事，球迷們都非常熟悉：1999 年歐冠決賽的傷停補時階段，球迷口中的「小貝」，用兩次極其精準的角球傳中，幫助謝林漢姆（Sheringham）和索爾斯克亞（Solskjær）連進兩球，曼聯 2 比 1 神奇逆轉拜仁慕尼黑，第二次捧起大耳金盃，締造了英格蘭足壇史無前例的三冠王偉業。

那麼問題也就來了：曼聯的新 7 號，能為他們帶來隊史第三座歐冠獎盃嗎？

初試啼聲鳴驚人

C 羅不怎麼開心。

2003 年 9 月 16 日，新賽季的歐冠小組賽第一輪，曼聯主場迎戰希臘勁旅帕納辛奈科斯。5 比 0，弗格森的球隊贏得輕鬆愉快、兵不血刃。索爾斯克亞、尼基・巴特（Nicky Butt）、科東尼（Fortune）、西爾韋斯特（Silvestre）都取得了進球，就連和 C 羅一起加盟的新援傑姆巴・傑姆巴（Djemba-Djemba），都替補建

功了。

唯獨 C 羅，在板凳席上枯坐了 90 分鐘，沒有等到哪怕一分鐘的出場時間，說好的一進豪門就能踢歐冠呢？誰說的 7 號就等於絕對主力呢？

「弗爵爺」寧願用邊後衛菲力普‧耐維爾（Philip Neville）充當右前衛，也沒給他登場亮相的機會。但是，這絕非不信任 C 羅。恰恰相反，這完全是出於對 C 羅的愛護與保護，弗格森是不希望這個只有 18 歲的少年，一上來就承受太大的壓力，「我們得呵護這個年輕人，必須謹慎安排。」

不過，該來的，終究是要來的。半個月之後的小組賽第二輪，曼聯做客挑戰德國球隊司徒加特。C 羅首發亮相，身穿黑色的客場戰袍，迎來了職業生涯的歐冠正賽處女秀。

昂首挺胸，C 羅邁入了梅賽德斯 - 賓士體育場。與資格賽首秀時的內心「小鹿亂撞」相比，現在的他多了幾分從容與瀟灑，完全不像是一個初試啼聲的「菜鳥」。而無意間見證歷史的司徒加特隊的球迷們，望著這個還叫不上名字的年輕人，心中突然閃出一個念頭：他，似乎就是為歐冠而生的！

那支司徒加特隊，是 2002-2003 賽季的德甲亞軍，陣中擁有希爾德布蘭（Hildebrand）、拉姆（Lahm）、欣克爾（Hinkel）、赫萊布（Hleb）、庫蘭伊（Kurányi）等年輕一代中的佼佼者，整體實力相當強勁。該隊的匈牙利前鋒紹比奇更是大放異彩，先是

自己獨創龍潭、打破場上僵局，然後又助攻鋒線搭檔庫蘭伊破門得分，將領先優勢擴大為 2 比 0。

那麼，歐冠正賽首秀，C 羅的表現如何呢？

雖然只是初來乍到，但他立刻成為曼聯的任意球主罰手，幾腳罰球嘗試，甚至還可以看到後來「電梯球」的一些影子。可惜的是，它們全都沒有給希爾德布蘭帶來足夠的威脅。

直到比賽第 67 分鐘，屬於 C 羅的時刻突然就來了：對方球員禁區內解圍失誤，球擊中立柱後彈出，曼聯右後衛加里・耐維爾衝得太快，錯過了補射機會。但是，C 羅恰好及時趕到，他機警地搶在希爾德布蘭之前拿到球，並將自己的身體卡在對方身前，再順勢向前一倒，哨聲響起，當值主裁毫不猶豫地指向 12 碼 —— 罰球！

希爾德布蘭對此相當不滿，憤怒地指責 C 羅「假摔」。年輕氣盛的葡萄牙小將當然不肯示弱，反唇相譏，兩人發生了激烈口角。范尼斯特魯伊輕鬆將球罰入網內，為「紅魔」扳回一城，可終究還是難以挽回敗局。

於是，C 羅的歐冠處女球，只能無奈延後，另待時日了。而這一「待」，不知要等待多久了。反正小組賽第三輪，對陣蘇格蘭豪門格拉斯哥流浪者，他重返替補席，沒有出場；第四輪再戰流浪者，他卻又回到首發。接下來的兩輪也是如此：面對帕納辛奈科斯，連續首發；最後一輪主場迎戰司徒加特，又連

比賽大名單都沒進。

　　5 勝 1 負，曼聯順利晉級歐冠 16 強，不變的是，C 羅依然沒有收穫進球。

一見狂人誤歐冠

　　歐冠八分之一決賽，曼聯碰到了一個陌生的對手 —— 與葡萄牙體育、本菲卡並稱「葡萄牙三大豪門」的波多隊（以下簡稱「波多」），以及他們那位年僅 41 歲的主教練若瑟·穆里尼奧。

　　穆里尼奧，桀驁不馴、目空一切、風流倜儻、舌粲蓮花。此時的他，已經聲名鵲起：2003 年夏天，率領波多奪得歐洲聯盟盃的冠軍，但聯盟盃的名號和影響力，與歐冠不可同日而語。

　　弗格森 VS 穆里尼奧，這是兩代名帥的第一次交鋒，但卻不是 C 羅與穆里尼奧的第一次碰面。說來也不奇怪，C 羅還在葡萄牙體育踢球時，就在葡超聯賽裡與「魔力鳥」有過較量，他的驚人天賦，也給這位狂傲不羈的同胞少帥留下了極為深刻的印象。別忘了，兩人還有一個共同的經紀人門德斯呢。

　　如此重要的歐冠大戰，弗格森竟然又一次沒讓 C 羅首發！首回合，曼聯做客波多的火龍球場，C 羅重返祖國、衣錦還鄉，自然想在江東父老面前好好表現一番。可直到比賽第 78 分鐘，他才替補法國前鋒路易斯·薩哈（Louis Saha）登場，還沒來得

及發揮，就帶著 1 比 2 的比分離開了。

次回合回到老特拉福德球場，C 羅的出場時間更晚，直到比賽第 84 分鐘，他才換下了挪威前鋒索爾斯克亞，更沒有時間施展拳腳。

1 比 1 平，曼聯被波多爆冷門淘汰，無緣歐冠八強。穆里尼奧留下了滑跪慶祝的經典畫面，也從此與「紅魔」結下了不解之緣。而比賽結束後，弗格森拎著紅酒，去客隊更衣室慶祝對手的勝利，這種胸襟和氣魄，更是令「狂人」徹底折服。

從那之後，穆里尼奧心裡就一直惦記著執教曼聯這件事。據說他 2013 年時曾因為無緣接班退休的弗格森而痛哭失聲。

十二年之後的 2016 年，他才如願以償，執起「紅魔」的教鞭，當然，最後的結果並不那麼愉快。而在那之前，穆里尼奧已經與 C 羅做過師徒，只是兩人的「強強合作」，並不足以贏得一座歐冠冠軍 —— 這些都是後話。

歐冠正賽的處女賽季，C 羅還是沒有打破 0 球魔咒，只是創造一顆罰球。這樣的成績不算出色，更談不上驚豔，但對於只有 18 歲的他來說，品嘗到了歐冠的真正滋味，就是最大的收穫。

在曼聯這樣的頂級豪門，想要更進一步，日後有的是機會，並不急於這一朝一夕。畢竟，這只是他加盟球隊的第一個賽季，需要適應，更需要成長；需要呵護，更需要磨礪。

再來說說波多吧。淘汰曼聯之後，他們越戰越勇，連克法

國豪門里昂隊（以下簡稱為「里昂」）、西甲勁旅拉科魯尼亞隊（以下簡稱「拉科魯尼亞」），一舉殺入了歐冠決賽。

2004 年 5 月 26 日，德國蓋爾森基興的沙爾克球場，波多與摩納哥上演「黑馬對決」。兩隊主帥穆里尼奧和德尚（Deschamps），球員時代的成就可謂天壤之別：同樣司職中場，一個是世界盃和歐洲盃的冠軍，幾乎拿遍所有榮譽；另一個則默默無聞，24 歲就早早退役。

可是，執教看的不是資歷，而是能力。法國邊鋒久利（Giuly）的受傷離場，給了德尚當頭一棒。穆里尼奧的球隊完全掌控比賽局面，卡洛斯・阿爾貝托（Carlos Alberto）、德科（Deco）、阿列尼切夫（Alenichev）先後破門，一場 3 比 0 完勝，波多時隔 17 年第二次捧起歐冠獎盃。這也是穆里尼奧執教生涯收穫的第一座歐冠獎盃。

有一說一，波多雖然擁有德科這樣的中場帥才，但整體上缺乏星味，個人能力不夠突出，踢得也不那麼漂亮，更多地依靠整體和團隊作戰。而穆里尼奧高舉快速反擊的大旗，與同一年希臘問鼎歐洲盃冠軍時的打法，簡直不謀而合。這代表著實用主義風格在歐洲足壇的悄然興起。

奪冠之後，穆里尼奧並沒有參加慶祝儀式，而是直接去里斯本的海灘度假，真夠「狂」的。

2004 年夏天，「狂人」離開波多，接受切爾西老闆阿布拉

莫維奇（Abramovich）的邀請，來到英超聯賽，執掌「藍軍」帥印。而為了應付這個強敵，弗格森從艾佛頓買來了英格蘭天才前鋒韋恩‧魯尼（Wayne Rooney），但更重要的是，他必須得更加悉心地調教、更加大膽地利用 C 羅了。

正巧，那年夏天，C 羅也經歷了職業生涯的第一次大賽洗禮。2004 年歐洲盃，還只是葡萄牙國家隊 17 號的他，在大哥魯伊‧科斯塔（Rui Costa）和路易斯‧菲戈（Luís Figo）的庇護下展翅翱翔，小組賽首戰希臘、半決賽對陣荷蘭，各進一球，讓自己的名字響徹整個世界足壇！

可惜的是，決賽再戰東道主希臘國家隊，葡萄牙國家隊 0 比 1 飲恨，而還是個孩子的「小小羅」，一下子哭成了淚人。

大賽首秀就打入兩球，18 歲的 C 羅做得夠好了，但比起另一位超級天才，還是有些相形見絀。魯尼同樣迎來了個人的大賽首秀，結果小組賽他連續兩場梅開二度，一共踢進 4 球，高居射手榜第二。

四分之一決賽，葡萄牙國家隊 VS 英格蘭國家隊，兩人同時首發，正面對決。C 羅在右路踢得風生水起，使得世界上最好的左後衛艾許利‧柯爾（Ashley Cole）不得安寧。魯尼在第 27 分鐘就因右腳受傷被換下場 —— 兩個月之後，他們就在曼聯成為隊友。

　　任何一種偉大的鑄造，都未必是從美好開始，正所謂「寶劍鋒從磨礪出，梅花香自苦寒來」。

　　C 羅的「成王之路」，也是如此。

　　不過，他在這趟征程中邁出的這第一步，此時細細回味，又彷彿意味深長：人物都已經聚齊，劇本也已經寫好，好戲，該開鑼了！

第二章　起航

「他不是真正的羅納度，買下他真是浪費錢！」曼聯球迷曾經這麼評價過初來乍到時的 C 羅。但誰也逃不過「打臉定律」，很快，他就成為「魔蜜（曼聯球迷）」的英雄、夢劇場的驕傲。而提到 C 羅，魯尼總會笑著說：「穿上球衣和球鞋，看著自己在鏡子裡的影子，這是他每場比賽都會走一遍的流程。還有誰的自信比他的更強大？」自信，成就了 C 羅；魯尼，也成就了 C 羅。

金風玉露乍相逢

　　C 羅和魯尼，曼聯曾經的「絕代雙驕」，兩位總能引起「紅魔」支持者無限感慨的人物。他們之間有著怎樣的關係呢？用「互相成就」來形容，可能會比較貼切，但也並不完全吻合。

　　這麼說吧：沒有 C 羅，魯尼也許拿不到那麼多的冠軍榮譽；而沒有魯尼，C 羅攀登足壇最高峰的步履，可能會變得更為蹣跚。

　　2021 年初，當 C 羅還在追逐著自己的第六個歐冠冠軍時，比他小 8 個多月的魯尼，卻已宣布退休，成為英冠球隊德比郡的主教練。而在 17 年前的 2004 年，兩人的處境，與現在卻是截然相反：儘管 C 羅早來曼聯一年，但魯尼才是英格蘭足壇、英超聯賽、老特拉福德球場的那個寵兒。

　　魯尼，成名於一個秋日的午後。那是 2002 年 10 月 19 日，一個原本並不特殊的日子，因為一顆進球，被後人所銘記。

　　艾佛頓坐鎮古迪遜公園球場迎戰兵工廠。比賽第 80 分鐘，還差 5 天才滿 17 周歲的魯尼，換下了加拿大前鋒拉津斯基（Radzinski）。僅僅 10 分鐘後，他在禁區前沿偏左的位置接球，聰明地躲開了兵工廠漫不經心的後防線，然後，右腳轟出了那記弧線球遠射。

　　足球越過了英格蘭國門大衛・西曼（David Seaman）的頭

頂，擊中了球門橫梁的下沿，入網得分。

於是，年僅 16 歲 360 天的「魯小胖」，打破了當時的英超歷史最年輕進球紀錄，終結了兵工廠 30 場英超不敗的紀錄，從此一球成名，開始受到英格蘭球迷的瘋狂追捧，自然也得到了眾多球隊的熱烈追求。

與葡萄牙體育時期的 C 羅一樣，魯尼一定會離開艾佛頓，去尋找更大的舞臺。果然，2004 年 8 月，他主動遞交了轉會申請。原本非常希望與之續約的「太妃糖（艾佛頓別稱）」，只能無奈地接受了現實，並在拒絕了紐卡索聯 2,000 萬英鎊的報價之後，最終同意將魯尼賣給曼聯，轉會費 2,560 萬英鎊 —— 這，創造了 20 歲以下球員的轉會費世界紀錄。

魯尼和 C 羅同齡，都出生於 1985 年，只不過他的生日更晚一些，是 10 月 24 日。雖然是天蠍座，但他非常直率，勤奮低調，富有責任感，是值得依靠和託付的對象，而這種特質，讓他成為 C 羅職業生涯的最佳搭檔之一。

不過剛來夢劇場，魯尼就搶走了 C 羅的風頭。2004 年 9 月 28 日，曼聯在歐冠小組賽中主場迎戰土耳其勁旅費內巴切。他身穿 8 號球衣首發登場，上演「紅魔」生涯和歐冠生涯處女秀，直接就迎來爆發！

比賽第 18 分鐘，曼聯的頭號射手范尼斯特魯伊送出直傳，魯尼單刀赴會，左腳抽射破門，打入歐冠生涯的處女球！第 29

分鐘，他如戰車一般碾過對方後衛，右腳遠射轟出世界波，梅
開二度！第 54 分鐘，「小胖」又用自己的右腳抽出「圓月彎刀」，
直接任意球攻門入網，上演帽子戲法！

　　曼聯首秀、歐冠首秀、主場首秀，連進三球 —— 如果用兩
個字來形容魯尼的表現，那就是「比好還更好」！你甚至找不出
比這更完美、更驚豔的開始了，曼聯歷史上沒有，歐冠歷史上
也沒有。

　　而此時的 C 羅卻只能在場邊乾坐著，全程行注目禮，看完
新隊友的精彩演出。這場比賽，他未能登場，更別提進球，0 比
3，歐冠進球數，就這樣被魯尼迅速用在身後。

　　當然，即使是最出色的預言家也無法預料到，這一場比
賽，魯尼就進了他整個歐冠生涯總進球數的十分之一！16 年之
後，「小胖」的歐冠進球數已經徹底定格為 30 個，直到退役，
也沒有再增加。可 30 球，還不到 C 羅歐冠生涯總進球數的一個
零頭。

　　這並不奇怪。因為不像在遊戲裡，「預言家」並不真實存在。
C 羅當時不被看好，是再正常不過的事情了：整個 2004-2005 賽
季，他各項賽事一共才打進 9 球，沒有達到兩位數；英超出場
多達 33 次，也只斬獲區區 5 球，還遠遠不是未來那個無所不能
的「進球機器」。

　　相比於「二年級生」C羅，「一年級生」魯尼在加盟曼聯的第一個賽季，各項賽事就已經貢獻 17 球，在英超也轟入 11 球，達到兩位數 —— 誰是曼聯未來的希望和核心，似乎一目了然、很好預測吧？

　　魯尼與 C 羅「開局」的差異，究其原因，是對英格蘭足球的適應程度不同。魯尼從小一直在這個環境裡踢球，來到曼聯之前，就已經有過英超出場和進球的經驗了。而且，他的體格更加出色，球風也更直接、更合適，同時還是萬眾期待的「大英新星」，因此獲得了非常有利的輿論環境。

　　C 羅對這個環境則相對陌生，需要適應的東西還有很多：天氣、飲食、語言、習慣；足球風格、比賽規則、對抗程度、犯規尺度等等。他的身材也還很消瘦，不利於搶奪和對抗。再加上拉丁裔球員血液裡天生具有的那一點「小聰明」，所以經常陷入「假摔」的指責當中，受到更大的輿論壓力。

　　這也是弗格森一直對 C 羅採取「保護」策略的重要原因之一。

　　不過，弗格森已經逐漸在給他「加倍」的機會了。這個賽季的歐冠小組賽，C 羅只有兩場比賽未能首發；八分之一決賽面對 AC 米蘭，他更是被委以重任，肩負攻城拔寨的使命，但第一顆歐冠進球，就是偏偏不來，非常倔強。

　　於是，年輕的 C 羅，只能眼睜睜地被「紅黑軍團」的主力中

鋒、比他年長 10 歲的克雷斯波（Crespo）「教做人」。阿根廷射手主客場各進 1 球，兩個 0 比 1，他和他的曼聯就這麼跪倒在歐冠八強的大門之外。

淘汰曼聯之後，AC 米蘭一路殺入決賽，直抵土耳其名城伊斯坦堡的阿塔圖克奧林匹克球場，他們的對手是曼聯的死敵、英超豪門利物浦。

2005 年 5 月 25 日，「君堡論劍」，一決生死。那是一場彪炳歐冠史冊的偉大決戰，是一場蕩氣迴腸的超級大逆轉，10 多年之後回過頭來看，哪怕已經知道比賽的最終結果，心情也會隨著劇情的推進而跌宕起伏，不能自已。

上半場，安切洛蒂（Ancelotti）的 AC 米蘭取得了 3 比 0 的系列賽比分領先，兩隻手似乎都已經摸到了冠軍獎盃。然而到了下半場，貝尼特斯（Benítez）的利物浦卻有如神助一般，在隊長傑拉德（Gerrard）的帶領下，一鼓作氣連追三球，硬生生地將比賽拖入到加時賽，乃至罰球大戰！最終，利物浦憑藉波蘭門神杜迪克（Dudek）的「康康舞」，贏得了這場驚心動魄的「12 碼 PK 戰」。

此時此刻，C 羅卻無心關注歐冠決賽的結果，因為他還沉浸在罰球大戰失利的痛苦當中。四天之前的足總盃決賽，曼聯與兵工廠也是激戰至最後一刻。他第三個出場，右腳射門，輕鬆攻破了德國國門萊曼（Lehmann）的十指關。奈何，保羅‧斯

科爾斯（Paul Scholes）的罰球被拒之門外，「紅魔」只能屈居亞軍，未能成功衛冕。

三個多月之後，更大的痛苦突然襲來，與之相比，丟冠的悲痛，不及萬分之一。

2005 年 9 月 7 日，葡萄牙在 2006 年德國世界盃的預選賽中做客挑戰俄羅斯。就在比賽的前一天晚上，C 羅突然被叫到了主教練斯科拉里（Scolari）的房間。在那裡，他聽到了一個驚天噩耗：他的父親丹尼斯·阿威羅（Dinis Aveiro），因為酗酒過度導致的肝臟問題，在英國去世。

這個 20 歲的年輕人驚慌極了，呆若木雞、難以置信，然後崩潰了，淚水止不住地從他的眼眶之中湧出。被笑話為「愛哭鬼」的他，曾在馬德拉和里斯本的訓練場上哭過很多次，可沒有任何一次，這麼悲痛欲絕。

雙十年華，就失去了自己的父親，「子欲養而親不在」是痛苦，更痛苦的是，連父親的最後一面都沒見到。就算他立刻離開葡萄牙下榻的酒店，回去奔喪，也不會見到了。

可是，稍微冷靜下來之後，C 羅就拒絕了教練和隊友們的好意與勸說，堅持留在隊中，繼續參加這場對於葡萄牙國家隊出線來說至關重要的比賽。

C 羅不僅參加了，而且還是首發。不過比賽一結束，他就馬不停蹄地飛回家鄉馬德拉島，直奔父親的葬禮，送父親最後

一程。和他一起趕來的，還有斯科拉里和門德斯——從那天開始，他稱呼斯科拉里為「父親」。

C羅與父親的關係，不如與母親那麼親密。但是，父親把他帶上了足球這條路，是他的「啟蒙老師」，並一直鼓勵他走下去。這些年來，他也一直在勸父親戒酒，幫助父親進行治療，可惜，最終還是無濟於事。

這當然是一樁憾事，不過，也是一個「反面教材」。正是因為從小目睹、親身經歷了如此悲痛的教訓，C羅才會滴酒不沾，就算是在聖誕節聚會上，也不碰酒杯一下，整個職業生涯都保持著非常健康、極其自律的生活方式。

砥礪奮進創歷史

夾在兩大痛苦之間，唯一值得高興的事情，是C羅的歐冠處女球，終於誕生了。

2005年8月9日，2005-2006賽季的歐冠資格賽第三輪，曼聯主場迎戰匈牙利球隊德布雷辛尼。C羅首發登場，與魯尼、范尼斯特魯伊組成鋒線球員。而在兩位搭檔接連破門之後，輪到他表演了。

比賽第63分鐘，曼聯右後衛加里‧耐維爾壓上助攻，送出

直傳；范尼斯特魯伊展現出中鋒的支點作用，回撤接球、轉身分球；魯尼在禁區右側接球，倒三角傳中；C羅機靈地插到中路，在無人盯防的情況下，輕鬆推射空門入網，鎖定3比0的勝局！

這就是C羅在歐冠賽場上打入的第一球！不過，這顆「處女球」有些特殊，因為它是誕生於歐冠資格賽，並非正賽階段，所以是否應該算在歐冠總進球數之內，不同的數據統計機構歷來有著不同的說法。

曼聯成功晉級歐冠32強，卻在小組賽爆出了天大冷門：6場比賽，他們3平2負只贏1場，最後4戰竟然一勝難求，最終排名倒數第一，連「降級」參加歐洲聯盟盃的資格都沒得到，直接出局！而這個賽季的歐冠冠軍則屬於來自西甲的巴薩。

C羅場場不落，全部首發，卻一球未進，這樣的表現，自然也招來部分球迷的批評。

這已經是C羅來到曼聯的第三個賽季，而這三年，也是曼聯痛苦轉型的三年。第一個賽季，兵工廠在阿爾塞納・溫格（Arsène Wenger）的帶領下難逢敵手，以38輪未敗的傲人戰績，問鼎英超冠軍；第二個和第三個賽季，切爾西又在穆里尼奧的指揮下強勢崛起，完成了英超首冠與兩連冠。

弗格森爵士的曼聯則可謂內外交困。賽場內，「紅魔」已經連續三年無緣英超獎盃，甚至還在2005年12月失去了效力12年之久的鐵血隊長羅伊・基恩（Roy Keane）；賽場外，俱樂部老

闆換成了格雷澤家族（The Glazer），美國人透過槓桿交易收購曼聯，讓俱樂部背上了沉重的債務，直到今天都沒還完。

不過，「弗爵爺」並沒有將英超的敗績放在心上，因為 C 羅、魯尼等年輕一代，正在茁壯成長。2005-2006 賽季，C 羅各項賽事的進球數終於達到兩位數 —— 12 球，也奪得了曼聯生涯的第二座獎盃 —— 聯賽盃冠軍。

那場決賽，曼聯的對手是維根競技。比賽第 59 分鐘，對方後衛亨科茲（Henchoz）解圍失誤，薩哈斷球後無私送出助攻，C 羅禁區右側右腳低射，洞穿對方的城門。進球之後，他脫下球衣，激情怒吼，露出一身健碩的肌肉，用事實證明，經過極端努力、堅持不懈的訓練與健身，他的身體產生了翻天覆地的變化，朝著「魔鬼肌肉人」一去不復返。

然而，C 羅還不是曼聯隊內最好的那位球員。范尼斯特魯伊、魯尼、薩哈的進球數，都要比他多；「魯小胖」各項賽事的首發場次，也比他多了 7 場。但無論誰的表現暫時更好，弗格森都將 C 羅和魯尼視為曼聯的建隊基石。

可是，讓人萬萬想不到的是，2006 年的夏天，這兩個年輕人竟然差點決裂，C 羅差點因此離開曼聯。

德國世界盃的四分之一決賽，葡萄牙國家隊 VS 英格蘭國家隊。

繼兩年前的歐洲盃之後，C 羅與魯尼再次在國家隊大賽中

碰面。這一次，C 羅擔任的是左翼鋒，面對他的俱樂部隊友加里·耐維爾。魯尼踢的是中鋒，對面是切爾西的主力中後衛里卡多·卡瓦略（Ricardo Carvalho）。

比賽第 62 分鐘，卡瓦略在搶球時摔倒在地，魯尼不經意地踩到了他的大腿腹股溝。C 羅立刻衝上前去，與當值主裁埃利松多（Elizondo）進行理論。

事後，有英國媒體聲稱，C 羅當時是在要求裁判向魯尼出示紅牌。魯尼則對 C 羅的行為相當不滿，推了他一把。

最終，埃利松多還是掏出了紅牌，將英格蘭隊 9 號罰下，這間接導致了三獅軍團的出局。而 C 羅衝著魯尼「調皮」地眨了一下眼睛，一副詭計得逞的樣子，這一幕正好被攝像鏡頭拍下，為全世界球迷所目睹，並迅速登上了全球所有體育報紙、雜誌、網站的封面頭條。

然而，事實的真相究竟是什麼呢？

C 羅迅速做出回應，堅稱自己並沒有向裁判施壓，眨眼睛的對象也不是魯尼，而是教練席上的斯科拉里。魯尼則說，自己在球員通道等著 C 羅，兩人當場就把事情給說開了，還約定「幾週之後見，讓我們一起努力贏得英超冠軍」。至於曼聯俱樂部，就更沒有賣人的打算了，完全沒有。

不過，來自「弗利特街」鋪天蓋地的批評聲浪，還是讓 C 羅感到心煩，於是萌生出了離開曼聯的念頭。聞知此事，弗格森

大驚失色，立刻與曼聯俱樂部的時任 CEO 大衛·吉爾（David Gill）一同飛赴葡萄牙的阿爾加夫，與正在那裡度假的 C 羅進行面談。

當著恩師的面，C 羅真誠表達了自己想要逃離英國、去西班牙踢球的願望，想要加盟皇馬或者巴薩的夢想。但是，在「弗爵爺」的極力安撫與勸說下，他還是放下心理包袱，改變心意，回到了曼聯。

這起事件、這場風波，對於 C 羅的洗禮，甚至要超過 2004 年歐洲盃決賽的痛失冠軍。彷彿一夜之間，他變得更加堅強、更加成熟、更加穩定、更加專注。

幸虧沒有離開曼聯，否則，C 羅的職業生涯真的未必會達到現在的高度。

曼聯上下對他的全力支持，讓 C 羅感受到家一般的溫暖，而他以加倍的刻苦訓練作為回報。更重要的是，前曼聯預備隊教練雷內·梅倫史甸（René Meulensteen）回歸球隊，擔任弗格森的助手，在這位荷蘭教頭的幫助下，C 羅在射門技術方面取得了顯著的提升！

梅倫史甸主要負責曼聯的技術訓練。他對 C 羅展開「特訓」，改變了 C 羅的射門習慣、無球跑動、技術細節，尤其鼓勵 C 羅在射門之前，先把自己調整到禁區內最佳的得分位置，將他錘鍊得更像一名射手。

後來，C羅自己也說過：「以前我進球追求完美，但在梅倫史甸的建議下，我轉變成了高效的射手。」球是怎麼進的，不重要；重要的，是把球踢進 —— 這一理念，深深地改變了他，影響至今。

此外，C羅還觀看了索爾斯克亞、范尼斯特魯伊、安迪・科爾（Andy Cole）、約克（Yorke）、謝林漢姆（Sheringham）等隊友或前輩的錄影，學習他們的跑位和射門技巧，不斷進步、精益求精。

功夫不負有心人，一切水到渠成。終於，C羅在2006-2007賽季迎來了大爆發：英超打入17球，首次達到兩位數；各項賽事攻進23球，職業生涯首次打破20球大關！而這23顆進球裡，就有3球是在歐冠賽場上斬獲的。

是的，C羅的歐冠正賽處女球，總算是姍姍遲來了！

該賽季的歐冠小組賽，面對葡萄牙勁旅本菲卡、丹麥球隊哥本哈根、蘇超豪門塞爾提克，他都空手而歸；八分之一決賽兩戰里爾，他也只送出一次助攻；四分之一決賽首回合做客羅馬，曼聯1比2落後，他依然沒能用進球來挽回敗局。

直到2007年4月10日這一天，「紅魔」回到老特拉福德球場，主場迎戰「紅狼軍團（羅馬）」。C羅首發登場，與吉格斯（Giggs）分居兩翼，魯尼則與艾倫・史密斯（Alan Smith）搭檔雙前鋒。

開場第 11 分鐘，C 羅就小試牛刀，在右路轉身閃開對方的左翼鋒小曼奇尼（Mancini），將球橫推中路，卡里克（Carrick）跟上，以右腳正腳背搓射，球竄入球門右下角，1 比 0！曼聯首開紀錄，也將總比分扳成了平局。

比賽第 17 分鐘，海因茲（Heinze）左路傳中，吉格斯順勢將球敲到中路，史密斯右腳凌空推射破門，2 比 0。僅僅 2 分鐘之後，吉格斯禁區右側右腳送出低傳，魯尼門前包抄、左腳推射入網，3 比 0。

上半場結束前的第 44 分鐘，屬於 C 羅的時刻來了：吉格斯中圈發動反擊，一腳精準傳球找到右邊的 C 羅。曼聯 7 號帶球內切，一個變線閃開帕努奇（Panucci），右腳迅疾低射球門右下角。球直入網內，羅馬門將多尼（Doni）毫無機會。歐冠正賽的處女進球，134 球裡面的第一球，就此誕生。

在氣勢恢弘的夢劇場裡，C 羅閉著雙眼，揮舞右拳，縱情馳奔，盡情享受著曼聯球迷如潮水般的歡呼。要不是隊友達倫‧弗萊徹（Darren Fletcher）拉著他一起慶祝，他可能會更加恣肆。

不過慶祝的機會還有，就在下半場開始後的第 3 分鐘，吉格斯左側角球傳中被頂出，但魯尼就地反搶成功；吉格斯左路直接低傳，艾倫‧史密斯搶前點沒有碰到球，但 C 羅後點包抄而至，右腳劐射空門得手，梅開二度。

這一次，他直接跑到了曼聯死忠球迷所在的角旗區，與支

持者們一起歡慶，史密斯還興奮地跳上了他的後背，留下了一張經典的合影。

　　沒有華麗的過人，沒有花俏的假動作，像個真正的前鋒、真正的射手那樣，C 羅一腳射門，一次搶點，收穫了歐冠正賽的前兩顆進球。

　　兩顆進球還很少，還不及隊友魯尼和范尼斯特魯伊。在歐冠的歷史射手榜上，他的前面還有著數不清的對手。但至少從此刻開始，「歐冠歷史射手王」正式踏上了攀登與征服的榮耀之路！

追風之子飛也馳

　　7 比 1！曼聯血洗羅馬，以 8 比 3 的總比分完成驚天大逆轉，挺進歐冠八強。而兩週之後，他們就在四分之一決賽遭遇義甲豪門 AC 米蘭。

　　首回合坐鎮老特拉福德球場，曼聯 3 比 2 險勝，C 羅再次進球。開場僅 5 分鐘，吉格斯右側角球傳中，他在禁區中路高高躍起，頭球攻門，巴西國門迪達撲了一下球，卻未能阻止它飛向球門。

　　雖然跟著衝入球門的阿根廷國腳海因茲，以為是自己將球

打入的，但這顆進球，還是理所當然地歸在 C 羅的名下。

　　然而，C 羅的光芒，卻被另一位天才球星給奪走了——AC 米蘭的巴西中場卡卡。

　　卡卡成為比賽的真正主宰者：先是接住西多夫的直傳殺入禁區，左腳推射扳平比分；而後又上演單騎闖關的好戲，頭球點過弗萊徹，右腳挑過海因茲，誘使後者與補防過來的埃夫拉（Evra）相撞，旋即單刀推射，攻破范德薩（Van Der Sar）的十指關！

　　雖然魯尼梅開二度，幫助曼聯艱難獲勝，但坐擁兩個客場進球，還是讓 AC 米蘭占據優勢。果然，回到聖西羅球場，AC 米蘭 3 比 0 大破曼聯，以 5 比 3 的總比分淘汰英超豪門，強勢晉級歐冠半決賽。

　　為 AC 米蘭開啟勝利之門的，又是卡卡。那麼 C 羅呢？他被義大利「鐵腰」加圖索（Gattuso）和右後衛奧多（Oddo）聯手凍結，未能連續三場歐冠比賽破門得分。

　　歐冠雖然出局，但在聯賽裡，C 羅期盼已久的時刻終於到來了——曼聯力壓切爾西，奪得 2006-2007 賽季的英超冠軍！C 羅則以 17 顆進球，排名英超射手榜第三，僅次於 20 球的切爾西「魔獸」迪迪埃・德羅巴（Didier Drogba）、18 球的布萊克本前鋒賓尼・麥卡菲（Benni McCarthy）。

　　而有了英超冠軍之後，C 羅在曼聯的目標就只剩下一

個 —— 歐冠冠軍！

再來看晉級的 AC 米蘭。與兩年前一樣，「紅黑軍團」踩著曼聯高歌猛進，一直殺入歐冠決賽。但與兩年前不同的是，2007 年的卡卡已經變得更加成熟，世界級巨星的風采完全顯現出來。

決賽再戰利物浦，AC 米蘭在上半場結束前率先取得領先：皮爾洛（Pirlo）任意球傳中，「超級皮波」英薩吉（Inzaghi）如幽靈般殺出，用身體將球擋入大門。

第 82 分鐘，卡卡送出代表性妙傳，英薩吉反越位成功，過掉對方門將雷納，小角度掃射入網，梅開二度。2 比 1，這一次沒有逆轉，「紅黑軍團」復仇「紅軍」，在希臘雅典的奧林匹克球場，捧起歐冠大耳盃。

10 顆進球，卡卡以中場球員的身分榮膺該賽季的歐冠金靴獎，而且比 C 羅多進 7 球。那一年，巴西球星還同時榮獲了金球獎、世界足球先生兩大殊榮，走上了職業生涯的巔峰，更憑藉英俊帥氣的面容，成為備受女性球迷喜愛的足壇第一偶像。

2007 年 12 月 17 日，卡卡參加了國際足聯舉辦的頒獎典禮，在聚光燈下，在掌聲之中，領取了世界足球先生的獎盃。此時此刻，站在他身旁的是兩個年輕人 —— 左邊那位，是小他 3 歲的 C 羅；右邊那位，則是小他 5 歲的梅西。

一生之敵終出世

萊納爾‧梅西（Lionel Messi），出生於 1987 年 6 月 24 日，比 C 羅小了 869 天。

他的出生地，是阿根廷聖菲省的羅薩里奧，一座距離布宜諾斯艾利斯 300 公里的城市。羅薩里奧有兩支球隊，互為死敵——羅薩里奧中央和紐維爾舊生，而梅西全家，幾乎都是紐維爾舊生隊的球迷。

他的父親豪爾赫‧梅西（Jorge Messi），13 歲時就在這家俱樂部受訓，直到服兵役時才離開。哥哥羅德里哥（Rodrigo）和馬蒂亞斯（Matías），也都跟隨老爸的腳步。然後，就是梅西了。

1994 年 3 月 21 日，經過一個月的試訓之後，不到 7 歲的梅西正式加入紐維爾舊生，球員證號是 992312 —— 從此開啟球員生涯。

和 C 羅一樣，梅西年紀雖小卻已展現出超強的足球天賦。他的啟蒙教練雷克薩奇（Rexach）回憶道：「有一次，門將把球傳給處於後衛位置上的梅西，他帶球從本方禁區弧突破到對方禁區弧，打入絕妙進球。根本不需要教他。你能教馬拉度納（Maradona）或比利（Pelé）什麼？」

來到紐維爾的第一年，梅西就在 29 場比賽裡打入 40 球！而根據羅薩里奧足協的前任新聞官馬丁內斯的研究，從 1994 到

1999 年，小梅西一共出場 176 次！斬獲 234 球！最後一年，他更是在 29 場比賽裡 55 次洞穿對手的球門！

　　一連串的驚嘆號，說明了梅西的與眾不同。而他的另一個不同之處，是內分泌腺不分泌生長激素，因此患上矮小症，11 歲時身高只有 1.27 公尺。可是，紐維爾舊生卻不願意為這位天才少年支付注射生長激素所需要的大筆費用 —— 一年 60 萬披索。

　　但沒關係，西班牙足壇豪門巴薩願意。

　　著名經紀人明格利亞（Minguella），是時任巴薩俱樂部主席加斯帕特（Gaspart）的顧問。他看了梅西的錄影帶，立刻就被這個小孩子的球技所震驚，把梅西推薦給了巴薩的技術總監雷克薩奇。於是，2000 年 9 月 17 日，在巴薩俱樂部的邀請下，梅西和父親豪爾赫坐上飛機，飛往巴塞隆納。

　　12 月 14 日，在龐貝皇家網球俱樂部的飯店裡，雷克薩奇抓起了一張餐巾紙，在上面寫下了對梅西一家的承諾：只要滿足條件，巴薩就會簽下梅西！

　　雖然這只是「君子協定」，但從那時起，梅西便與巴薩「綁」在一起。而那張餐巾紙，也成為足球史上一個極具紀念意義與收藏價值的物品。

　　從青年 B 隊到青年 A 隊，從巴薩 C 隊到巴薩 B 隊，梅西連續「打怪升級」，竄升速度極快，而所有巴薩球迷，都在期待著

他的一線隊首秀。

2004 年 10 月 16 日，這一刻終於來臨：巴薩與西班牙人的
「加泰隆尼亞德比大戰」。比賽第 82 分鐘，梅西替補葡萄牙中場
德科（Deco）出戰，完成了「紅藍（巴薩）生涯」的正式比賽處
女秀。

他的巴薩處女進球，則誕生於 2005 年 5 月 1 日的諾坎普球
場：第 88 分鐘，梅西接到巴西球星羅納迪諾的助攻，左腳輕
巧挑射，球從阿爾巴塞特門將巴爾布埃納（Balbuena）的頭頂越
過，墜入網內！

異常激動的梅西，露出了純真的笑容，像個孩子似的跳上
了「小羅」的後背，高舉右手，留下了那張經典的照片。

一線隊處女秀剛過去不久，梅西又迎來歐冠處女秀。

2004 年 12 月 7 日的歐冠小組賽，巴薩做客挑戰烏克蘭勁旅
頓內茨克礦工。在已經確保出線的情況下，主教練雷卡特（Ri-
jkaard）輪換陣容，安排梅西首發亮相。可惜的是，他沒有取得
進球，也沒有贏得歐冠首勝，巴薩最終 0 比 2 敗北。

那時的梅西，還只是巴薩陣中的「小弟」。他的身旁，有大
哥羅納迪諾罩著，有艾托奧（Eto'o）負責攻城拔寨；他的身後，
有德科、哈維（Xavi）、伊涅斯塔（Iniesta）等中場球星傳球、製
造機會，無須承擔太多的壓力，從而獲得非常有利的發展空間。

這就是從豪門出道的幸福。與之相比，C 羅沒有這種「先天

優勢」，來到曼聯之後，又趕上了球隊的谷底期，被寄予厚望的同時，自然也背負上更大的壓力，特別是來自英國媒體與球迷的輿論壓力。

時間沒過多久，梅西就斬獲歐冠生涯的處女球，而且不是在資格賽，而是直接在歐冠正賽。

2005 年 11 月 2 日，巴薩 5 比 0 橫掃希臘球隊帕納辛奈科斯。比賽第 34 分鐘，梅西右路內切，連過兩人殺入禁區後選擇傳球。對方雖然斷下球，但在艾托奧的高位壓迫下忙中出錯，回傳門將力量太輕。阿根廷小將眼疾腳快，抓住這一失誤，左腳挑過對方門將，趕在後衛回防解圍之前，抽射入網！

儘管年齡更小，踏上職業賽場的時間更晚，但梅西的歐冠正賽處女球，卻比 C 羅來得更早。更甚者，梅西的首座歐冠冠軍獎盃，也要比 C 羅來得更早。

2006 年 5 月 17 日，法國巴黎的法蘭西大球場，巴薩接連淘汰切爾西、本菲卡和 AC 米蘭，與曼聯在英超的對手 —— 兵工廠會師歐冠決賽。

雖然德國門神萊曼因為對艾托奧犯規而被紅牌罰下，但槍手還是憑藉索爾‧坎貝爾（Sol Campbell）的頭球叩關得手，率先打破僵局。只是，少一人作戰的劣勢，終究還是不可避免地逐漸顯現。第 76 分鐘，艾托奧小角度射門扳平比分。第 71 分鐘，替補登場的貝萊蒂（Belletti）打入一記穿襠球，把「紅藍軍

團」送上了冠軍寶座。

　　這是巴薩隊史第二次問鼎歐冠冠軍，雷卡特指揮的這支偉大球隊，也被業界與坊間公譽為「夢二隊」。而這場失利，留給溫格、亨利的，則只有無盡的遺憾。

　　不過法蘭西大球場上，並沒有出現梅西的身影，因為他受傷了。3 月分，梅西在對陣切爾西的歐冠八分之一決賽中右大腿肌肉撕裂，一下子就傷缺兩個月，正好錯過這場決賽。但無論如何，梅西還是在奪冠過程中貢獻出自己的一份力量，拿到了個人的第一個歐冠冠軍，而此時，C 羅的歐冠冠軍數還是 0。

　　雖然年輕的 C 羅和更年輕的梅西展現出非凡的天賦，但當時沒人能預料他們的未來，更沒人會想到世界足壇會就此迎來一個全新的時代 ——「**梅羅爭霸**」。效力過巴薩的葡萄牙球星德科對 C 羅和梅西的評價很有代表性：「他們相當不一樣，梅西有著與生俱來的天賦，C 羅也很有天賦，而他努力的方式是非常不可思議的。」

第三章　首冠

　　「很少有人能在歐冠決賽上有著完美發揮。你的對手花了十天甚至兩個禮拜的時間來仔細研究你，他們找到了限制你的所有辦法。」曼聯右後衛加里‧耐維爾如是說。那個夜晚，C羅踢得也不完美，但他還是成功了，站上最高領獎臺的那一刻，他就像是聖瓦西里大教堂裡的神。

千錘百鍊鍛新骨

那個夜晚到來之前，C 羅已經在許多個午後和夜晚綻放過光芒，為曼聯球迷們送去了快樂。

2008 年 1 月 12 日，2007-2008 賽季的英超聯賽，曼聯坐鎮主場 6 比 0 血洗紐卡斯爾，C 羅獨中三元，完成職業生涯的首個帽子戲法！而這也是他整個「紅魔」生涯、英超生涯的唯一一次帽子戲法。

第一顆進球，是禁區前的任意球。C 羅轟出一腳貼地斬，把對手打得猝不及防。

第二顆進球，是曼聯進攻三叉戟的完美配合：魯尼中路做球，特維斯（Tevez）右肋直傳，C 羅插上，輕鬆破門。

第三顆進球，則充分展現出 C 羅身為射手的技術和冷靜：對方解圍失誤，他假射真扣，晃開飛鏟而來的對方球員，用非慣用腳左腳將球打入。

整個賽季，C 羅在 34 場英超比賽裡斬獲 31 球，場均接近 1 球，幾乎是前一賽季全部進球數的兩倍！他也成為英超歷史上第六位單賽季進球數突破 30 球大關的球員，因此，職業生涯首次榮獲金靴獎。

而這一切，都來自梅倫史甸的悉心特訓，以及弗格森的戰術變革。

在梅倫史甸的「鍛造」之下，C 羅越踢越像一名真正的中鋒、真正的射手。比賽開始前，兩人還商量著制定一個進球目標。C 羅認為，自己能打入 30 到 35 個球。梅倫史甸對他則比他自己更有信心，認為 C 羅能進 40 球。

為了徹底啟用 C 羅的射手本能，弗格森也對曼聯的打法做出了重大調整。「弗爵爺」不再執著於傳統的 442 陣型，而是讓全隊圍繞著 C 羅來展開進攻。

依託於這套充滿流動性的打法，C 羅獲得了很大的進攻空間，在邊鋒和中鋒兩個角色中自由切換，實際上成為前場自由人。而之前被力捧的魯尼、阿根廷前鋒特維斯，都成了 C 羅的副手，魯尼甚至經常被擠到邊路，為他製造機會、作嫁衣。

如此火熱的進球狀態，也被 C 羅帶到了歐冠賽場：5 場小組賽，進了 5 球，包括客場挑戰基輔迪納摩的梅開二度，那是他首次在歐冠完成雙響。

別具情感意義的是，C 羅遇上了老東家葡萄牙體育。小組賽第一輪，回到自己曾經的主場，他受到了將近四萬名球迷的歡呼，而 C 羅所能做出的最好回報，就是在打入全場唯一進球之後，選擇不慶祝，雙手合十，向熱愛自己的支持者們致敬。

第五輪回到自己現在的主場，再戰老東家，C 羅轟出一腳遠端任意球，足球劃著詭異的弧線竄入網。這一次，他露出了不可一世的神情，彷彿是在向「江東父老」宣告：你們曾經的孩

子，如今成長了，要去征服歐洲，征服世界。

八分之一決賽，曼聯的對手是里昂，C 羅碰到了未來的隊友本澤馬（Benzema）。首回合做客，弗格森顯然有所保留，C 羅、納尼（Nani）、卡里克、維迪奇等人均未首發，兩隊在奧林匹克公園球場 1 比 1 握手言和。

次回合坐鎮老特拉福德球場，「弗爵爺」把 C 羅派上，「核武」一出，高下立判。比賽第 41 分鐘取得領先，韋斯·布朗（Wes Brown）右路傳中，安德森的射門被對方球員封堵，C 羅混戰中破門，一擊致勝，護送曼聯晉級歐冠八強。

四分之一決賽，對陣「老熟人」羅馬，C 羅宛如被 NBA 巨星喬丹（Jordan）附體一般。為何會這麼說呢？看過這顆進球的球迷們，都知道答案。

首回合比賽第 39 分鐘，斯科爾斯（Scholes）禁區右側傳中，C 羅從禁區外加速衝到罰球點，高高躍起，用頭將球狠狠砸入球門！

然後，他與對方後衛卡塞蒂在空中相撞，就這樣斜著身體轟然砸在了地上，還沒等他起身，隊友已經一擁而上。

不得不說，很多世界級的正牌中鋒，都無法像 C 羅這樣頭槌破門。加里·耐維爾形容得貼切極了：「他就像是一列失控的列車，像喬丹一樣飛了起來，像喬丹一樣把球頂進。」

是的，C 羅看上去就像是喬丹，從罰球線起跳、滑翔著灌籃的那位「飛人」，而且有那麼一秒，他似乎在空中停住了一般，時間為他而靜止。

第一次，C 羅向全世界球迷展示了他驚人的核心力量和彈跳力，甚至比 NBA 球員還要強大。而在之後的職業生涯裡，他還將一次又一次地展示，哪怕是到了 36 歲的「高齡」。

兩回合總比分 3 比 1，曼聯輕鬆淘汰羅馬，晉級歐冠半決賽。在那裡等著他們的，是巴薩；等著 C 羅的，是梅西。

梅羅爭霸首上演

2008 年 4 月 23 日，諾坎普球場，歷史性的一幕終於上演。

歐冠半決賽首回合，C 羅在梅西的地盤首發出場，與特維斯搭檔鋒線。魯尼和韓國球員朴智星分居兩翼，斯科爾斯和卡里克則組成雙中場。

梅西當然也首發出戰。在巴薩的 433 陣型裡，他依然踢著自己最習慣的右翼鋒。中鋒是艾托奧，左邊鋒是伊涅斯塔，而鋒線三叉戟的身後，則是哈維與德科、亞亞‧圖雷（Yaya Touré）擔任後腰。

其實，弗格森本來是打算讓 C 羅踢邊鋒，若真如此，那麼

梅西和 C 羅就將展開直接的面對面較量。

　　但是，助教凱羅斯勸說弗格森改變主意，把 C 羅放到了 9 號位，這樣可以完全卸下他的防守包袱，全力以赴地去衝擊馬奎斯和加布里埃爾・米利托（Gabriel Milito）的中衛組合。而盯防梅西的任務，就交給了擁有「三肺」的朴智星。

　　比賽開始僅僅 3 分鐘，曼聯的變陣就獲得效果：魯尼右側角球傳中，C 羅搶點頭球攻門，被米利托用手擋出後進行罰球。

　　早在兩年前，范尼斯特魯伊就被弗格森清洗出隊，C 羅早已是當仁不讓的曼聯第一罰球手。然而，面對巴薩門神巴爾德斯（Valdés），他的右腳射門，竟然直接打高。

　　罰球後，C 羅雙手掩面，低頭不語，懊悔不已。不過沒有更多時間讓他來遺憾。此後，他不斷利用個人能力進行突破、製造破綻、博得犯規，甚至在邊線拿球時，還遭到了梅西的侵犯。

　　可惜的是，進球機會錯過了就不會再來，第一次「梅羅對決」，他未能拔得頭籌。

　　所幸，梅西也沒進球。面對朴智星的貼身壓迫，他依舊能夠展現出自己精細的腳下技術，一次邊線挑球過掉埃夫拉，非常精彩，曼聯確實很難阻擋他的單兵突破。

　　他也非常積極地從右路內切，與隊友進行短傳配合。不過，「紅魔」將士們眾志成城，最終還是讓梅西和他的隊友們無功而返，從客場帶走了寶貴的 1 分。

　　6 天之後，曼聯回到「夢劇場」，迎來次回合的生死較量。弗格森和雷卡特派出的陣容，基本沒有太大變化，C 羅和梅西也繼續首發。

　　上一次，是 C 羅開場就製造罰球；這一次，差點就輪到了梅西：梅西右路內切突破，造成了斯科爾斯的無奈犯規。這次犯規，幾乎是壓著大禁區線，但是，裁判最終還是判給了巴薩任意球，而非罰球。

　　他的另一次內切突破，連過斯科爾斯和韋斯‧布朗，左腳弧線球射門，被曼聯門神范德薩飛身撲出。最經典的一次，則是原地起速，一個「油炸丸子」過掉斯科爾斯，令「紅魔」的中場大師很沒面子。

　　雖然防守端丟了面子，但斯科爾斯在進攻端賺了回來。第 14 分鐘，「生薑頭（斯科爾斯）」亮出成名的招牌絕技，在大禁區弧頂右腳轟出一記世界波，球應聲入網。

　　而這顆進球，也有 C 羅的功勞。正是他突破未果後的積極反搶，才迫使巴薩的義大利右後衛贊布羅塔（Zambrotta）解圍失誤，送上烏龍助攻。

　　朴智星大禁區線上的右腳推射，差點就為曼聯擴大比分，只是稍稍偏出門柱 —— 這同樣來自 C 羅左路扛開贊布羅塔後的倒三角傳球。由此可見，C 羅的突破雖然沒有梅西那麼華麗，但殺傷力和致命性，並沒有絲毫的遜色。

　　兩人都踢滿了 90 分鐘，廝殺到了最後一刻，卻再無建樹。最終，憑藉斯科爾斯的這腳驚天遠射，曼聯 1 比 0 力克巴薩，兩回合總比分也是如此，弗格森的球隊時隔九年，再次挺進歐冠決賽。

　　在第一次與梅西的直接較量當中，C 羅雖然沒有進球，但獲得了最重要的比賽勝利，所以，也就贏得了史上第一次的「梅羅爭霸」。那麼第二次、第三次，何時會到來呢？全世界的球迷們，都在翹首以盼。

　　只是，不知當時有多少人已經意識到，這會是未來十年乃至整個足球歷史上最受矚目的巔峰對決呢？

莫斯科雨淚齊飛

　　5 月的莫斯科，偶爾也會有大雪紛飛的時候。但 2008 年 5 月 21 日的那個夜晚，沒有雪，只有雨。即便如此，夜裡的莫斯科，氣溫只有攝氏幾度，雨點打在身上，格外沉重，冷得讓人有些憔悴。

　　來自世界各地的球迷，聚集在紅場上。其中，有超過一半的球迷，穿著與紅場相同顏色的球衣，他們之中的很多人，球衣背後印著的，都是一個碩大的 7 號。

在紅場西南方距離 7 千公尺的一處地方，沿著莫斯科河畔，與麻雀山隔河相望，就是盧日尼基體育場。這個夜晚，在冷雨當中，曼聯將在這裡，與切爾西爭奪歐冠的冠軍。

在此之前，曼聯已經經歷過一場「決賽」——5 月 11 日，2007-2008 賽季英超聯賽第 38 輪，即最後一輪，對手是維根競技。

前 37 輪戰罷，曼聯位居榜首，但與第二名切爾西同樣累積 84 分，他們僅有的優勢，是 17 個得失球差，所以只要能夠戰勝維根競技，那麼無論切爾西與博爾頓的比賽結果是什麼，曼聯都將蟬聯英超冠軍。若是反之，曼聯未能取勝，甚至輸球，那麼很可能將把冠軍拱手讓給「藍軍」。

比賽第 32 分鐘，維根競技的後衛博伊斯（Boyes）在禁區內放倒魯尼。C 羅主動要求罰球。他絲毫沒有受到歐冠半決賽罰球失手的影響，一蹴而就，為「紅魔」首開紀錄。

第 80 分鐘，吉格斯助攻魯尼破門，徹底鎖定勝局。切爾西則被博爾頓 1 比 1 逼平，於是，曼聯衛冕成功，連續兩個賽季問鼎英超冠軍，C 羅也奪得了個人職業生涯的第二個聯賽冠軍。

不過，在 3 月 8 日的足總盃第 6 輪比賽中，曼聯 0 比 1 爆冷門門不敵樸茨茅斯，所以，本賽季是肯定無法複製 1998-1999 賽季的三冠王偉業了，但是，他們還有雙冠王的目標要去完成，要在歐冠決賽中再勝切爾西。

　　當然，盧日尼基球場上首發的 22 名球員裡，得到最多關注的那個，還是 C 羅。

　　這是他足球生涯的第一場歐冠決賽，此時，距離他的歐冠正賽處女秀，已經過去 1,694 天的時間。聽起來不算太長？但是，C 羅等這一天，已經等了太久，對於這座冠軍獎盃，他志在必得。

　　賽前，C 羅專門拉著凱羅斯，用歐冠決賽的新比賽用球來練習射門。弗格森也特意為他制定了專門的比賽策略：司職左翼鋒，去攻擊切爾西客串右後衛的迦納國腳埃辛（Essien），一旦他適時地內切插入禁區，對手就很難防範。

　　事實證明，這一招真的奏效了。

　　比賽第 26 分鐘，布朗右路起球傳中，C 羅壓到禁區內，在他面前的不是頭球能力出色的特里或者卡瓦略，而是身高只有 1.78 米的埃辛。於是，C 羅原地跳起，身體在空中繃得筆直，頭球輕輕一擺，將球送入網。埃辛連跳都沒跳，切赫（Čech）只能目送球入網。

　　進球後，C 羅揮舞右臂，神情激動地慶祝！但很快他就強行克制住自己的激動心情，因為他知道，比賽還遠遠沒有結束。

　　上半場結束前，切爾西扳平了比分：埃辛右腳遠射，經過維迪奇的折射後被費迪南德（Ferdinand）擋下，卻令已經出擊的范德薩失去重心，結果蘭帕德（Lampard）跟上左腳推射，費迪

南德封堵不及，難阻球入網。

下半場，C 羅繼續追尋著第二顆進球。他在禁區左側晃開喬・科爾（Joe Cole），左腳小角度勁射，可惜球只擊中邊網。最終 90 分鐘常規時間結束，30 分鐘加時賽也結束，比分依然是 1 比 1，曼聯和切爾西只能攜手進入緊張刺激、殘酷至極的罰球大戰。

第一輪，特維斯進了，巴拉克（Ballack）進了。

第二輪，卡里克（Carrick）進了，貝萊蒂進了 —— 切赫和范德薩都猜錯了方向。

第三輪，C 羅站上了罰球點。

他把球拿了起來，迷信般吻了一下，再把球放下，擺好；後退幾步，雙手插腰；助跑，突然停頓，再助跑，右腳射出一個半高球，卻被切赫判斷對了方向，撲個正著。

C 羅竟然成了第一個丟掉罰球的球員！C 羅頓時掩面而泣，哭紅雙眼，沮喪地退回本方陣中，幾乎不敢看接下來的 12 碼生死戰。

蘭帕德進了，切爾西取得領先。曼聯陷入絕境，冠軍似乎在離他們遠去。

第四輪主罰的哈格里夫斯進了，艾許利・柯爾也進了。

第五個出場的納尼進了 —— 只要最後一個出場的特里把球

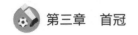

罰中，冠軍就是切爾西的。

然而，戲劇性的一幕發生了：「藍軍」隊長腳下一滑，直接將球打偏。天可憐見，大雨竟然在最後一刻幫了曼聯和 C 羅的忙。

第六輪，安德森進了，卡盧進了，還是平局。

第七輪，替補登場、打破巴比‧查爾頓爵士保持的「紅魔」隊史出場紀錄的吉格斯進了，然後，輪到安耐卡（Anelka）主罰。

結果，范德薩真的賭對了：法國前鋒罰的正是門將的右邊，荷蘭門神飛身一撲，終結比賽，決定冠軍 —— 光榮，最終屬於曼聯！

當隊友狂奔著歡慶勝利時，如釋重負的 C 羅，一下子仰面躺倒在地，然後又趴在地上，失聲痛哭。

莫斯科的雨與淚齊飛，這一夜，他體會到了從天堂到地獄、再從地獄到天堂的跌宕起伏，人生的大起大落，莫過於此。

雨和淚，最終化作了咬著冠軍金牌時露出的燦爛笑容。這，是 C 羅一生中第一次品嘗到歐冠冠軍的滋味。

他還以 8 顆進球穿上了歐冠金靴。英超冠軍與歐冠冠軍，足壇最難拿的兩大俱樂部冠軍，都被他攬在懷中，他的賽季總進球數也達到 42 球，超過了 40 球的目標。

　　毫無疑問，2008 年是 C 羅職業生涯的第一個巔峰。這一年，他一共獲得了四項團隊榮譽：2007-2008 賽季英超冠軍，2007-2008 賽季歐冠冠軍，2008 年社區盾冠軍，2008 年世冠盃冠軍，實現了單一年度的四冠王偉業。

　　也因為這四大冠軍，他獲得了 18 項個人榮譽：世界足球先生、金球獎、歐足聯年度最佳球員、FIFA 年度最佳球員、《世界足球》雜誌年度最佳球員、歐洲金靴獎、歐足聯最佳前鋒、歐冠最佳射手、英超金靴獎、PFA 最佳球員、FWA 最佳球員、英超官方 MVP、英格蘭球迷票選最佳球員、曼聯賽季最佳球員、拉美媒體評年度歐洲最佳球員，入選 FIFA 年度最佳陣容、英超賽季最佳陣容、《隊報》評歐洲年度最佳陣容等等。

　　曼聯球迷們也為擁有 C 羅而感到自豪，要是沒有他，「紅魔」恐怕未必能夠時隔九年而奪得隊史第三個歐冠冠軍。然而，令他們驟然感到擔心的是，C 羅似乎要離開了。

永恆之城留遺憾

　　歐冠決賽之前，C 羅接受了西班牙媒體的採訪。也許面對的不是英國媒體，他可以暢所欲言地說出心裡話：「去西班牙踢球，是我的夢想。」

　　此時，C 羅與曼聯的合約還有四年，2012 年才到期。但不為人知的是，在他的合約裡，有一項極其隱祕的解約金條款。英超賽場上沒有「解約金」這一說，它主要盛行於西甲賽場，可是，曼聯卻為 C 羅破了例，而解約金的具體金額是 7,500 萬歐元。

　　C 羅內心確實是想走的，因為完成英超和歐冠的雙冠王之後，他在曼聯的成就已經達到無以復加的巔峰，除了三冠王，不可能比這更出色了。

　　皇馬則一直是他非常喜歡、非常嚮往的球隊。早在效力葡萄牙體育時，C 羅就發出誓言：「有朝一日要為皇馬踢球！」而時任皇馬俱樂部主席的卡爾德隆（Calderon），也卯足心思想要挖走他，為伯納烏球場增添一位世界級巨星。就連時任國際足聯主席的布拉特（Blatter），都出面為皇馬站臺，聲稱 C 羅在轉會方面淪為了曼聯的「奴隸」。

　　曼聯和弗格森當然不想放走 C 羅，哪怕知道他早晚要離開，能晚一年是一年。為此，弗格森一面怒斥皇馬私下接觸球員的行為「不道德」，一面跑到葡萄牙，親自與 C 羅、門德斯面談，曉之以理，動之以情。

　　C 羅雖然心向著皇馬，但畢竟對曼聯還是感恩的。沒有曼聯、沒有弗格森，他根本不可能達到今天的成就。所以，他決定再留曼聯一年。

直到 2008 年底，弗格森依然堅稱 C 羅不賣，並說出了那句名言：「一個病毒都不會賣給皇馬。」

留在曼聯的 C 羅，在 2008 年 11 月，贏得了職業生涯至今最重要的個人獎項 —— 金球獎。

金球獎的評選，滿分是 480 分，他一個人就得到 446 分，贏得這個獎毫無爭議。排名第二的梅西得到 281 分，與 C 羅有著較大的差距。幫助西班牙國家隊奪得歐洲盃冠軍的費南多·托雷斯（Fernando Torres），則以 179 分位列第三。

這是 C 羅的第一座金球獎。他成為繼尤西比奧（Eusébio）和路易斯·菲戈（Luís Figo）之後，第三位捧起金球獎的葡萄牙球員，也成為曼聯歷史上第四位獲此殊榮的球員，前三位是丹尼士·羅、包比·查爾頓和喬治·貝斯特 ——「紅魔」的「神聖三位一體」。而 C 羅之後，曼聯的第五位金球獎得主，至今還沒有誕生。

2009 年 1 月，C 羅又榮獲了國際足聯頒發的「世界足球先生」獎，這同樣是他生涯的第一次，擊敗的也依然是梅西和托雷斯。

是的，在這無比輝煌的一年，C 羅完成了對梅西的「雙殺」。但正所謂「風水輪流轉」，過了個年，被「雙殺」的，就變成 C 羅了。

2008-2009 賽季還沒開始，C 羅就去做了膝蓋手術，缺席了 10 週的時間。

不過復出之後，他迅速找回狀態，8 輪英超打入 8 球。特別是 11 月 15 日曼聯 6 比 0 狂勝斯托克城一戰，C 羅直接任意球梅開二度，斬獲了曼聯生涯的整整第 100 球，喜迎里程碑。

歐冠小組賽，C 羅沒有任何進球入帳。不過，八分之一決賽對陣義甲豪門國際米蘭，他打破了球荒。

首回合，兩隊在聖西羅球場 0 比 0 互交白卷。次回合坐鎮老特拉福德，曼聯 7 號在開場第 4 分鐘就製造出威脅：他利用突破贏得角球，吉格斯角球傳中，維迪奇躍起頭球叩關得手，閃電領先。

第 49 分鐘，斯科爾斯分球，魯尼禁區左側拿球後突然挑傳到門前，C 羅從阿根廷中衛山繆（Samuel）的身後竄出，高高躍起以頭球攻門，攻破了巴西國門賽薩爾（César）的十指關。2 比 0！曼聯就此淘汰國際米蘭，殺進歐冠八強。

四分之一決賽，曼聯遇到了另一個熟悉的對手 —— 波多。首回合還是平局，但葡超勁旅帶走了兩個客場進球，這意味著次回合做客火龍球場，「紅魔」要麼直接贏球，要麼得打出 3 球以上的高比分來平局。

而比賽開始僅僅 6 分鐘，永載曼聯以及歐冠史冊的一顆世界波就誕生了：安德森分球，C 羅在距離球門 40 公尺外突然起

腳，**轟**出一腳石破天驚的遠射！球如出膛砲彈一般，直接飛入球門左上角，儘管對方門將希爾頓全力撲救，也鞭長莫及。

這是全場比賽的唯一進球。它不僅把曼聯送入歐冠四強，而且也毫無懸念地當選了 2009 年的年度最佳進球 —— 國際足聯頒發的普斯卡什獎。後來，C 羅也說過，這是他職業生涯打入過的最佳進球。

歐冠半決賽，曼聯與兵工廠展開「英超內戰」。C 羅依舊是在第二回合才大顯神威，一人貢獻 2 球 1 助攻，參與全部 3 顆進球。

第 8 分鐘，他左路下底傳中，吉布斯在禁區內詭異滑倒，朴智星後點得球，倒地射門得手。

第 11 分鐘，他在 25 公尺外**轟**出一記驚世駭俗的任意球世界波，這一次，目瞪口呆的變成了阿穆尼亞（Almunia）。

第 61 分鐘，他腳後跟妙傳發動快速反擊，朴智星直傳、魯尼禁區左側橫傳，C 羅立即殺到，倒地右腳推射，梅開二度！

總比分 4 比 1，「紅魔」完勝「槍手」，連續第二年殺入歐冠決賽。而自從歐洲冠軍盃改制為歐冠聯賽以來，還從來沒有任何球隊能夠成功衛冕。曼聯距離創造歷史，只差這最後一步，站在他們面前的最後一個敵人，就是去年他們在半決賽淘汰過的巴薩。

2009 年 5 月 27 日，義大利羅馬奧林匹克體育場。

時隔一年多，曼聯再戰巴薩。此時，「紅藍軍團」的主教練

已經從雷卡特（Rijkaard）換成了瓜迪歐拉（Guardiola）。布斯克茲（Busquets）上位，搭檔「中場雙核」哈維和伊涅斯塔，「哈白布」組合應運而生。從曼聯回歸巴薩的皮克（Piqué），也成為球隊的主力中衛。

但焦點中的焦點，還是「梅羅爭霸」。

賽前，弗格森說道：「他們中的一個，今晚肯定會無法入眠。」會是誰呢？肯定是輸球的那一個。那麼，誰會輸呢？C羅，還是梅西？

這個賽季，梅西迎來職業生涯的飛躍。和C羅一樣，他也改踢中鋒，扮演「偽9號」的角色，結果大放異彩：歐冠決賽之前，已經打入37顆進球，首次單賽季突破20球大關；C羅則攻進26球，在梅西面前顯得有些黯淡。

與一年前一樣，C羅在決賽之前也收穫了聯賽冠軍，完成英超三連冠，只要能夠再贏下這場決賽，蟬聯歐冠冠軍，那麼2009年的金球獎和世界足球先生，自然也非他莫屬。更何況，他還有一個額外的動力：把這座大耳金盃作為最後的禮物，送給曼聯俱樂部和所有曼聯球迷。

所以，開場之後，C羅立刻火力全開，8分鐘內就完成了三腳射門，每一腳都頗具威脅，特別是任意球轟門造成巴爾德斯的脫手，差點令朴智星搶得先機。

然而，率先進球的卻是巴薩：比賽第10分鐘，艾托奧禁區

右側扣過維迪奇，右腳外腳背彈射，洞穿范德薩把守的球門。

竟然落後了？C 羅當然不甘心，迅速用個人突破製造了皮克的犯規，讓巴薩中衛吃到黃牌。但這還不夠，他需要進球，曼聯需要進球。

不過，巴薩擁有強大的控球能力，一旦取得領先，就會把比賽的節奏和局面牢牢控制在自己腳下，哈維的任意球射門擊中門柱彈出，差點擴大比分。

但這一次，曼聯不像一年前的歐冠決賽那麼走運了。

第 70 分鐘，哈維禁區前突然送出挑傳，里奧・費迪南德（Rio Ferdinand）沒有起跳，任由球從自己的頭頂越過。

令這位世界級中衛完全沒有想到的是，他的身後，還有梅西。更沒有想到的是，雖然梅西只有 1.69 公尺高，但這一刻，他奮力一躍，在空中傾斜著身子，用並不擅長的頭部，將球頂入曼聯的城門。

這是梅西在歐冠決賽的第一個進球，與 C 羅一樣多。

2 分鐘之後，貝爾巴托夫（Berbatov）右路傳中，吉格斯禁區中路射門被擋，C 羅後點得球，右腳推射，被巴爾德斯封出，錯過了最後的機會。

0 比 2，衛冕失敗，在「永恆之城」留下了永恆的遺憾，C 羅無緣職業生涯的第二個歐冠冠軍，梅西則捧起了職業生涯的第二個歐冠冠軍 —— 1 比 2，C 羅再次落後「一生之敵」。

　　這場歐冠決賽，就是 C 羅為曼聯踢的最後一場比賽了。來到曼聯、師從弗格森，可以說是他做出過最正確的一個決定，這個決定讓他成為世界上最出色的球星；讓他奪得了夢寐以求的歐冠冠軍；實現了兒時的夢想。

　　但是，天底下沒有不散的筵席，故事的結局不夠完美，但畢竟要結束了，**新的故事，已經徐徐展開在他的面前。**

第四章　新征

　　「你真的覺得球迷們會為了看我穿上皇馬球衣，而把伯納烏球場坐滿嗎？」C羅心情忐忑地問著《阿斯報》的記者。別擔心，C羅，會的，而且今後的每一個週末，每一個週中的歐冠比賽日，伯納烏都會因你而爆滿。這個舞臺，曾經屬於過很多人，但從這一刻開始，它就屬於你了。

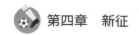

百年豪門迎新人

再留一年，C羅完成了自己對弗格森、對曼聯的承諾，儘管未能蟬聯歐冠冠軍，但歐冠亞軍和英超三連冠，依然是一份非常出色的成績單和告別禮物。接下來，就該弗格森和曼聯履行他們的承諾了——放C羅去皇馬。

早在2003年，皇馬就對C羅產生了興趣。不過，畢竟C羅當時還太年輕，而時任皇馬主席的弗洛倫蒂諾‧佩雷斯（Florentino Pérez）奉行的，又是砸錢買成名巨星的「銀河戰艦」政策，已經斥巨資引進路易斯‧菲戈、席丹（Zinedine）、羅納度、大衛‧貝克漢、麥可‧歐文（Michael Owen）等世界級球星，說句實在話，18歲的C羅來了又怎樣？根本沒有容身之地，只會在板凳上浪費青春。

六年後，情況已經完全不一樣。C羅在曼聯成長為世界級巨星，拿過足壇最高的個人榮譽——金球獎和世界足球先生，夠得上當年菲戈、席丹的分量了吧？

然而，在2006年初，一場地震級事件突發：弗洛倫蒂諾從皇馬俱樂部的主席職位上辭職！那麼問題來了，贏得新主席選舉的卡爾德隆，還會繼續買C羅嗎？

答案是顯而易見的，換成誰來當主席，也得買C羅。因為想要比肩「老佛爺（弗洛倫蒂諾）」，卡爾德隆也需要簽下巨星，

而 C 羅無疑是當時世界足壇最大牌、最出色的那個。

於是 2007 年初，皇馬經理安赫爾‧桑切斯與門德斯進行了接觸，確認了彼此的心意。從此之後，C 羅就開始給曼聯管理高層和球迷們打「預防針」，公開表示希望自己未來能去西班牙踢球。

由於與曼聯有合約在身，他不便說得太明瞭，這時候，C 羅的母親多洛蕾絲站了出來，對著西班牙媒體說出那句名言：「我希望在死之前，看到我兒子為皇馬效力！」都這麼說了，一片孝心的 C 羅，又怎能不滿足老媽這一點點「微不足道」的心願呢？

雖然曼聯勉強留了 C 羅一年，但他們也深知，這已經是最後的妥協，一年之後，就真的再也留不住他了。所以，在皇馬和 C 羅簽訂祕密協定之前，俱樂部就已經與 C 羅簽訂了一份祕密協定：7,500 萬歐元的解約金不算數了；任何想要買下他的俱樂部，都需要支付 8,000 萬英鎊，折合 9,400 萬歐元。

然而，合約剛簽完不久，皇馬俱樂部內部就出事了！原來，卡爾德隆受到指控，懷疑他透過不正當的方式贏得主席選舉。雖然最終他並沒有獲罪，但還是被迫在 2009 年初辭職。而擔任皇馬臨時主席的維森特‧保魯達（Vicente Boluda）卻認為 C 羅身價太高，於是想要撕毀協定，甚至為此不惜支付 3,000 萬歐元的違約金。畢竟，3,000 萬比 9,400 萬要少得多。

曼聯倒是不慌，雖然確實留不住 C 羅，但有合約在，主動

權就還在自己手中，不一定非得賣給皇馬。C羅根本不愁沒有買家，因為巴薩竟然也想要買他！C羅和梅西效力同一支球隊？畫面太完美，簡直不敢想像！

不只是球迷不敢想像，皇馬更不敢想像，因為那將意味著，未來幾年，他們恐怕都會被巴薩死死壓住，無法翻身。所以，保魯達趕緊收回成命。而接下來的事情，就交給2009年6月1日再次當選皇馬主席的弗洛倫蒂諾了。

「老佛爺」延續他的「銀河戰艦」政策，先是豪擲6,300萬歐元，從AC米蘭引進了2007年的金球獎得主卡卡。然後就是履行承諾，以9,400萬歐元的世界第一天價，從曼聯簽下C羅。

這是皇馬從曼聯搶走的第二個7號、第二棵「搖錢樹」。C羅有著不遜色於貝克漢的商業價值，而隨著網路媒體時代的到來，他的加盟，只會讓皇馬賺得更多。

2009年7月6日的伯納烏，可以容納八萬名球迷的球場看臺，座無虛席、盛況空前，這陣勢堪比一場皇馬與巴薩的西班牙國家德比。

但是，這一天沒有任何比賽要踢，所有球迷，都只為一個人而來 —— C羅，任何比賽，也沒有他來得重要。

當天，C羅是從里斯本直接飛到馬德里的。下飛機後他直接奔赴醫院接受體檢，然後前往伯納烏球場，與皇馬俱樂部的

高層、名宿們見面。

接受完媒體的採訪之後，C羅穿上了嶄新的白色9號球衣，走出球員通道，伴隨著八萬名球迷的歡呼聲，踏上了新東家主場的草皮——直到這一刻，他才真正屬於皇馬。

C羅的身後，是9座歐冠的冠軍獎盃，這是皇馬問鼎歐冠的次數，而第9冠，是在2002年奪得的，距離此時已經有7年之久。

這7年時間裡，皇馬曾一次闖入半決賽、一次闖入八強，接著，便是連續5個賽季的止步16強，淪為「歐冠16郎」。那麼，過去兩個賽季兩進歐冠決賽、一次折桂的C羅，能否帶來改變呢？

至少第一次亮相，C羅就已經放出豪言：「我們將盡全力爭取奪得三冠王！」既然是三冠王，裡面當然也就包括隊史上第10座歐冠獎盃了。

C羅在皇馬的第一件球衣，是9號，而不是曼聯時期的7號，這是因為7號白衣已經有了它的主人，他穿著它，為皇馬捧起了三座歐冠冠軍獎盃。

皇馬第9次奪冠，是在2002年。提到那一年的歐冠決賽，你會想起什麼？第一印象，一定是羅貝托·卡洛斯（Roberto Carlos）左路傳中，席丹左腳轟出的那記「天外飛仙」，它絕對是歐冠決賽歷史上最精彩的進球之一。但別忘了，第8分鐘就

為皇馬首開紀錄、開啟勝利之門的，是他 —— 勞爾‧岡薩雷斯（Raúl González）。

皇馬歷史上，實在是誕生過太多的偉大球星了，比如迪斯蒂法諾（Di Stéfano）、普斯卡斯（Puskás）、亨托（Gento）、巴爾達諾（Valdano）、布特拉格諾（Butragueño）等，但是，你絕不能少說了勞爾的名字。

1977 年 6 月 27 日，勞爾出生於馬德里南部的比利亞韋德區。不過小時候，他並非皇馬的球迷，而是皇馬死敵馬德里競技（以下簡稱「馬競」）的支持者。

13 歲時，勞爾憑藉出色的球技和潛力，加入了馬競的青年隊。可是兩年之後，馬競的時任主席希爾為了節省開支，竟然直接解散了青年隊，於是，他只能離開「床單軍團（馬競）」，然後轉投皇馬青年隊。

在皇馬，勞爾迅速贏得了一線隊主帥巴爾達諾的賞識。1994 年 10 月 29 日，皇馬客場挑戰薩拉戈薩，他出人意料地頂替「禿鷲」布特拉格諾，身穿那個賽季經典的紫色球衣首發登場，以 17 歲又 124 天的年齡，成為隊史一線隊首秀首發的最年輕球員，而當時，他穿的球衣就是 7 號。

就這樣，當 2009 年 7 月 C 羅到來之時，勞爾已經為皇馬打入 316 球，榮膺隊史射手王；六奪西甲冠軍，三奪歐冠冠軍，另外還有一個歐洲超級盃和兩個豐田盃冠軍；歐冠進球總數達

到 64 個,是當時的歐冠歷史第一射手!

所以,C 羅縱然是天價加盟,也只能先放棄在曼聯成名立萬的 7 號球衣,改穿 9 號,因為只要勞爾在的一天,白衣 7 號就是屬於「魔戒(勞爾)」的,誰也搶不走。

九冠雄主遇魔咒

自從 2002 年第 9 次歐冠稱雄之後,皇馬就陷入谷底當中。雖然依然擁有「外星人」羅納度這樣的超級射手,但是,他們一度連續三個賽季無緣西甲冠軍,連續兩個賽季屈居死敵巴薩之後、臣服於雷卡特的「夢二隊」之統治。

歐冠賽場,皇馬的成績更慘:

2002-2003 賽季,半決賽被尤文圖斯次回合逆轉,無緣決賽;

2003-2004 賽季,因為客場進球少的劣勢被馬賽爆冷門門淘汰,止步八強;

2004-2005 賽季,加時賽被尤文圖斯絕殺,倒在 16 強;

2005-2006 賽季,0 比 1 憾負兵工廠,未能闖入八強;

2006-2007 賽季,再次輸在了客場進球少這點,不敵拜仁慕尼黑,還是 16 強;

2007-2008 賽季,慘遭羅馬雙殺,依然是 16 強;

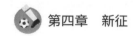

2008-2009 賽季，兩回合 0 比 5 慘敗給利物浦，又是 16 強——球迷送上「歐冠 16 郎」雅號，實至名歸！

連續五個賽季止步 16 強，始終未能突破魔咒而更進一步，這對於歐冠九冠王來說，是莫大的恥辱。

所以，弗洛倫蒂諾重新上臺之後，不僅豪購卡卡和 C 羅，還從里昂買來本澤馬，從利物浦引進哈維‧阿隆索（Xabi Alonso）和阿貝羅亞（Arbeloa），從瓦倫西亞招攬阿爾比奧爾（Albiol），還有內格雷多（Negredo）和格拉內羅（Granero）。

總之，整個 2009 年的夏天，「銀河戰艦」在轉會市場上斥資 2.58 億歐元，相當驚人，而他們的目標，就是重塑歐冠輝煌，奪得歷史性的第 10 冠！

那麼，「老佛爺」如願以償了嗎？別急，我們先從 2009-2010 賽季的歐冠揭幕戰講起。

皇馬與 AC 米蘭、馬賽、瑞士球隊蘇黎世同分一組，出線難度不大，而主教練佩萊格里尼（Pellegrini）的首要任務，就是與「紅黑軍團（AC 米蘭）」爭奪小組第一。

2009 年 9 月 15 日，小組賽首戰，皇馬做客挑戰蘇黎世。C 羅首發登場，迎來皇馬生涯的歐冠首秀。

半個月之前的 8 月 29 日，他已經完成了皇馬生涯首秀和西甲聯賽首秀，罰球破門，幫助球隊 3 比 2 力克拉科魯尼亞，拿到首勝。9 月 12 日面對西班牙人，「CR9」連續兩場破門，無縫

融入新東家，皇馬也收穫 3 比 0 大捷。

至於區區蘇黎世，自然更不在 C 羅話下。第一次，他讓「美凌格（皇馬球迷）」親眼見識到了「電梯球」的威力：兩腳任意球，直接洞穿對方球網，梅開二度，幫助「銀河戰艦」5 比 2 大勝對手，取得好彩頭！

緊接著，他又在西甲聯賽場連場建功，皇馬生涯的前 6 場比賽，瘋狂轟入 9 球，證明自己絕對配得上「世界第一身價」！

9 月 30 日，小組賽第二輪，C 羅迎來皇馬生涯的歐冠主場處女秀，對手是馬賽。沒有懸念，他又兩次將球送入球網，將進球成績重新整理到恐怖的 7 場 11 球。

然而，意外突然發生了：比賽第 70 分鐘，C 羅左路突破，被對方後衛迪亞瓦拉（Diawara）一記滑鏟鏟翻在地。令人沒想到的是，這次犯規非常嚴重，令他腳踝受傷，根本無法堅持比賽，只能被伊瓜因（Higuaín）換下。

這一傷，就是將近兩個月，C 羅因此缺席了對陣 AC 米蘭的兩場歐冠大戰。而缺少了 C 羅的皇馬，則遭遇 1 平 1 負的戰績。

直到 11 月 25 日，皇馬歐冠再戰蘇黎世，C 羅才傷癒復出，而他剛替補登場，立刻受到萬眾歡呼。兩週後的最後一輪比賽，他就雙響建功，成功復仇馬賽，以 6 顆進球結束小組賽的征程，「銀河戰艦」也順利地拿到小組第一。

要知道，C 羅效力曼聯的 6 個賽季，也只有過一次單賽季

歐冠進球數超過 6 顆。

不過，他還是收到了一個「壞消息」。帶領巴薩擊敗曼聯、問鼎歐冠冠軍的梅西，奪得了其職業生涯的第一座金球獎，C羅只名列第二，這樣的排名讓他更加確信：想要再奪金球，就必須贏得歐冠冠軍！

「9,400 萬先生」狀態極佳，皇馬對歐冠冠軍自然有了更熱切的期待與更美好的暢想。

八分之一決賽，佩萊格里尼的球隊抽到了 E 組第二——里昂。里昂的頭號球星本澤馬，剛被皇馬挖走，但依然擁有利桑德羅‧洛佩斯（Lisandro López）、德爾加多（Delgado）、戈武（Govou）、皮亞尼奇（Pjanić）、馬干（Makoun）、圖拉朗（Toula-lan）、克里斯（Cris）、洛里（Lloris）等大將，能夠力壓利物浦搶到出線權，說明他們的實力絕對不容小覷。

當然，皇馬的星味更足：C羅和伊瓜因搭檔鋒線，身後是卡卡，替補席上還坐著勞爾和本澤馬呢，陣容如此豪華，根本沒有不贏球的道理嘛！可是，首回合做客法國，「銀河戰艦」偏偏輸了，輸給了喀麥隆中場馬干的一腳世界波。

次回合回到伯納烏，C羅接古蒂（Guti）做球，在禁區內左腳抽射破門，一度為皇馬扳平總比分。但是，波黑中場皮亞尼奇（Pjanić）又站了出來，轟出一腳世界波，1 比 1！西甲豪門只能無奈地接受平局，以 1 比 2 的總比分爆冷門出局。

　　有意思的是，八年之後，當時淘汰了 C 羅的皮亞尼奇，竟然與 C 羅在尤文圖斯聚首，從對手變成了隊友，當然，這就是後話了。

　　不得不說，在「第一天價」的巨大壓力下，傷癒復出之後的 C 羅太急於證明自己了，這導致他情緒急躁、心態失衡。

　　在 2010 年 1 月 24 日與馬拉加的西甲聯賽中，C 羅因為肘擊對方球員美迪利加（Mtiliga），吃到了職業生涯的第一張直接紅牌，雪上加霜的是，他還因為歐冠出局之後拒絕給球迷簽名，引發與「美凌格」之間的緊張關係——剛來的第一個賽季，處境竟會如此艱難，不知 C 羅是否已經預料到呢？

　　早在 2009 年 11 月，皇馬就被低階別球隊阿爾科爾孔踢出了國王盃，釀下驚天恥辱。如今歐冠再次止步 16 強，C 羅在亮相儀式上喊出的「三冠王」豪言，淪為對手的笑柄。不過，只要能夠拿到西甲冠軍，那麼他在皇馬的處女賽季，就不算失敗。

　　2010 年 4 月 10 日的國家德比，是爭冠的關鍵「6 分戰」，皇馬主場作戰，賽前與巴薩同積 77 分，此戰若能取勝，就可以把主動權掌握在自己手中。

　　該賽季的首回合較量，皇馬 0 比 1 告負，伊布拉希莫維奇（Ibrahimović）打入全場唯一進球。那也是 C 羅和梅西在西班牙足壇的第一次碰面，西甲賽場的第一次「梅羅對決」，結果，兩

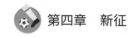

人都沒有取得進球。

那麼這一戰呢？還是梅西贏了！

第 32 分鐘，梅西遭到了皇馬中衛塞爾希奧·拉莫斯（Sergio Ramos）的犯規。巴薩左後衛馬克斯韋爾（Maxwell）快發任意球，阿根廷球星與哈維配合之後，右腳射門，攻破了皇馬門神卡西拉斯（Casillas）的十指關。

之後，佩德羅再下一城，鎖定了 0 比 2 的比分。於是，C 羅和他的皇馬慘遭雙殺，基本宣告了冠軍夢想的破滅。

這場失利，也並非沒有一點好處：它徹底激發了 C 羅的鬥志！最後 6 輪聯賽，皇馬豪取 5 勝 1 平，C 羅一人獨斬 8 球，包括 5 月 5 日的 4 比 1 大勝馬約卡一戰的帽子戲法，那是他加盟以來的第一次戴帽。

西甲 29 場 26 球、歐冠 6 場 7 球，各項賽事 35 場 33 球，C 羅在皇馬的首個賽季雖然「四大皆空」，沒有拿到任何一項賽事的冠軍，皇馬也依然未能摘掉「歐冠 16 郎」的標籤，但第一年就能書寫出如此優異的成績，足以證明這一筆大買賣值得了。這也更足以證明：只要擁有 C 羅，皇馬距離歐冠冠軍就會越來越近。

師徒並肩浴血戰

C羅、弗洛倫蒂諾、皇馬，輸給了梅西、瓜迪奧拉、巴薩，但有一個人贏了他們 —— 若瑟・穆里尼奧。

2007 年 9 月，穆里尼奧從切爾西下車，至於原因，賽季開始後的糟糕戰績固然是一方面，另一方面，則是更衣室失控，隊長約翰・泰利（John Terry）帶頭反對「狂人」。

雖然「下車」，但穆帥名聲在外，自然收到了很多邀請。

穆里尼奧選擇了義大利，選擇了國際米蘭。國際米蘭俱樂部的主席莫雷蒂（Moratti）給予他高度信任和鼎力支持，讓他感受到家一般的溫暖。而他也給予巨大回報，率隊連續兩個賽季奪得義甲冠軍，最重要的，還是歐冠。

2009-2010 賽季歐冠小組賽，國際米蘭與巴薩同分一組，而且首輪就直接交鋒。這場比賽踢得很「穆里尼奧」：0 比 0，沒有進球，乏味、無趣。但這就是穆帥想要的，梅西、伊布拉希莫維奇、亨利都被限制得死死的，拿到 1 分就夠了。

第五輪做客諾坎普，國際米蘭 0 比 2 輸了，但這並沒有影響到他們的小組出線。八分之一決賽，國際米蘭對陣切爾西，對於這支切爾西，穆里尼奧實在是太熟悉了，不誇張地說，簡直稱得上瞭如指掌，所以一場 2 比 1，一場 1 比 0，兩場小勝，贏得雖然不多，但已經足夠「藍黑」淘汰「藍軍」，挺進四分之一決賽。

接著，國際米蘭又抽到了八強裡相對最弱的莫斯科中央陸軍，兩場 1 比 0，以最小的代價晉級歐冠四強，而半決賽的對手，又是巴薩。

面對瓜迪奧拉的近乎無敵的「夢三隊」，穆里尼奧祭出了經典的防守反擊，用一套只有一個義大利人的首發陣容（蒂亞戈‧莫塔（Thiago Motta），實際上出生於巴西），踢出了義大利足球最擅長、最精髓的東西。巴薩雖然由佩德羅首開紀錄，但斯奈德（Sneijder）、麥孔（Maicon）和迪戈‧米利托（Diego Milito）連進 3 球，國際米蘭完成驚天逆轉。

首回合 3 比 1 獲勝，穆里尼奧手握成績與心態上的雙重優勢，次回合做客諾坎普，更加堅定了死守的信念。面對國際米蘭清野堅壁、眾志成城的防守，巴薩的短傳滲透幾乎無計可施，在莫塔被罰下場之前，根本沒有獲得機會。即便多一人作戰，瓜迪奧拉的球隊也只是在第 83 分鐘打進一球，但是，1 比 0 的比分並不足以挽回敗局。

穆里尼奧用兩場經典戰役，打破了「夢三隊」的不敗神話。而正是看到這一點，弗洛倫蒂諾才下定決心，聘請他執教。

巧合的是，2010 年的歐冠決賽，就在馬德里的伯納烏球場進行，所以決賽之前，雙方就已經談好，無論比賽的結果如何，他都將接手皇馬的教鞭。

最終，還是依靠防守反擊，迪戈‧米利托梅開二度，國際

米蘭 2 比 0 擊敗拜仁慕尼黑，不僅捧起了歐冠冠軍，還成就了三冠王偉業！

歐冠決賽結束的四天之後，弗洛倫蒂諾就官宣了兩項重大決定：佩萊格里尼下車，穆里尼奧上任。

同為葡萄牙人，擁有同一個經紀人門德斯，很多人就理所當然地認為，穆里尼奧會與 C 羅有著親密無間的合作關係，然而你有所不知：兩人曾在英超結下過梁子。

2007 年 4 月，當時還是切爾西主帥的穆里尼奧，認為在對陣米德爾斯堡的比賽中，「藍軍」應該獲得一顆罰球。只談自己倒還罷了，結果他又扯上曼聯，炮轟弗格森的球隊受到裁判關照，同樣是對陣米德爾斯堡的比賽，卻沒有被判罰球。

你罵你的裁判，關我們什麼事？ C 羅被激怒了，公開做出回應，批評穆里尼奧是在甩鍋、轉移炮火，根本就是不願承認失敗。

沒想到，「嘴炮王者」穆里尼奧的回擊更強硬，不僅罵 C 羅是個騙子，還說他永遠無法達到他自己希望達到的成就。更過分的是，「狂人」甚至還說起了「童年陰影」，批評曼聯球星小時候家庭困難，沒有受過教育，所以才會這麼不成熟，不懂得尊重人。

這種傷害性很大、侮辱性又極強的人身攻擊，是可忍，孰不可忍？還沒等 C 羅發話，曼聯俱樂部和弗格森爵士就表達了

強烈的不滿。而知道自己理虧，穆里尼奧只能乖乖地打電話給
C 羅道歉，才讓這件事情平息。

三年多之後，兩人竟然在皇馬成為師徒，舊日這些恩怨，
自然也就無須再提了，不然多尷尬啊？ C 羅轉而稱讚起穆里
尼奧：「他在波多和國際米蘭奪得了很多獎盃，他在皇馬也會
如此。」穆里尼奧也投桃報李，稱讚 C 羅是世界第一，比梅西
更強。

然而剛一照面，他們就被巴薩打垮、打趴了。

2010 年 11 月 29 日，西甲國家德比，皇馬做客諾坎普球場。
賽前，穆里尼奧使出了慣用的招數 —— 心理戰，諷刺巴薩從未
在伯納烏球場奪得過歐冠冠軍。這是在提醒對手並施加壓力：
就在半年之前，在伯納烏捧起歐冠獎盃之前，他淘汰的最後一
個對手，正是巴薩。

可是，心理戰沒有造成絲毫作用。巴薩迅速占據場面上的
絕對主動，進球一個接一個地到來：先是哈維，然後是佩德羅、
比利亞，之後還是比利亞。

直到傷停補時第 1 分鐘，巴薩還在進球，替補登場的赫弗
倫（Jeffrén）將比分鎖定為 5 比 0。梅西雖然沒有進球，但送出
兩次助攻。而皮克向皇馬、向穆里尼奧伸出了五根手指 —— 這
是對死敵的最大羞辱。

大雨之中，皇馬全場比賽的控球率只有 33.6%，射門 5 次，

是巴薩的三分之一。就連穆里尼奧自己也承認，如果比賽再踢10分鐘，皇馬可能會輸6個甚至7個球。但是，拉莫斯第92分鐘被罰下場，還是讓「狂人」保持了一項紀錄：在11人全員作戰的情況下，從未輸給過巴薩——這，是「狂人」最後的遮羞布。

踢滿90分鐘，只撈到3次射門機會，一次射正，這樣的過程和結果，顯然無法讓C羅滿意和接受。瓜迪奧拉把出了邊線的球扔回球場，累積了滿腹鬱悶的C羅過去推了他一把，差點引發兩隊的大規模衝突，結果吃到一張黃牌——這幾乎是他在這場國家德比中的唯一「收穫」。

這一戰之後，剛剛加盟皇馬第二個賽季的C羅，似乎就已陷入嚴重的信任危機當中。

歸根結柢，在豪門生存，還是得靠成績說話。

成績好的時候，一切都順風順水，主教練和頭號球星第一個享受掌聲與追捧；成績不好的時候，主教練和頭號球星自然也得率先站出來背鍋，接受球迷們的批評。特別是這一年的夏天，勞爾離開皇馬，轉投德甲球隊沙爾克04，C羅接過了7號球衣，「美凌格」對他的要求，只會更高。

雖然在西甲賽場慘敗給巴薩，但在歐冠賽場，皇馬一路暢通無阻。小組賽面對AC米蘭、阿賈克斯和歐塞爾，「銀河戰艦」豪取6戰5勝1平，強勢出線。而對陣這三個對手，C羅都有

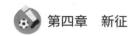

破門，一共打入 4 球。

然後，他們又遇到歐冠 16 強這道格外難過的坎。巧合的是，這次的對手又是里昂。

首回合做客，皇馬收穫一場 1 比 1 的平局，如願以償地帶走 1 分和 1 個客場進球。次回合回到伯納烏，馬塞洛（Marcelo）、本澤馬、迪馬利亞相繼建功，3 比 0 完勝，穆里尼奧的球隊以 4 比 1 的總比分晉級八強，總算是打破了「歐冠 16 郎」的魔咒！

這兩場比賽裡，C 羅都沒有進球，但為本澤馬和馬塞洛各送出一次助攻，也是破咒的功臣之一。

四分之一決賽，皇馬遇到了那個賽季的歐冠大黑馬熱刺，在哈里・雷德克納普（Harry Redknapp）的帶領下異軍突起，小組賽擊敗國際米蘭，八分之一決賽淘汰 AC 米蘭。他們擁有范德法特（Van Der Vaart）、克勞奇（Crouch）、莫德里奇（Modrić）等球星，而左翼鋒加雷斯・貝爾（Gareth Bale）的表現，尤為搶眼。

不過，熱刺的黑馬之路，也就到此為止了。首回合，皇馬就在主場 4 比 0 痛擊對手，一隻腳邁入四強，而 C 羅則打入了全場比賽的第 4 顆進球：第 87 分鐘，卡卡禁區左側轉身傳中，他在後點右腳凌空抽射，破門得分。

次回合，「銀河戰艦」又在白鹿徑球場 1 比 0 小勝，進球的

還是 C 羅。第 50 分鐘，赫迪拉傳球，C 羅右腳遠射，巴西門將
戈麥斯（Gomes）撲救時出現失誤，脫手將球放入城門。

總比分 5 比 0，皇馬兵不血刃，時隔 8 年之久，再次躋身歐
冠半決賽！那麼，他們在半決賽的對手是誰呢？巴塞隆納！

如宿命一般，皇馬和巴薩、C 羅與梅西、穆里尼奧與瓜迪
奧拉互相糾纏，在每一條戰線上爭奪冠軍。

歐冠半決賽之前，還有兩場國家德比要踢，而且都集中在
2011 年 4 月，這加起來的四場大戰，將決定著整個賽季的成
敗，決定著 C 羅和穆里尼奧在皇馬合作的第一個賽季，究竟是
成功還是失敗。

4 月 16 日，西甲國家德比第二回合，皇馬在積分榜上落後
巴薩 8 分，此戰唯有取勝，才有逆轉奪冠的可能。

極其罕見的是，穆里尼奧在賽前的記者會上竟然一句話也
不說，全程都交給助理教練卡蘭卡（Karanka）發言，引發記者
的不滿和憤懣，而比賽場上的皇馬，也和記者會上的穆帥一樣
沉默。

梅西和 C 羅都進球了，而且進的都是罰球，但兩支球隊踢
得都不精彩。皇馬中衛阿爾比奧爾（Albiol）還因為對巴薩邊鋒
比利亞（Sánchez）犯規，被裁判賞了「紅點套餐」。

1 比 1 的最終比分，意味著巴薩的西甲冠軍獎盃已經基本到
手。而比賽結束後，穆里尼奧終於打破沉默，把自己形容為一

個「受害者」，無論是在切爾西、國際米蘭還是皇馬，都受到了裁判的不公正「迫害」——嘴炮之王，不愧是你！

4月20日，西班牙國王盃決賽，雙雄再戰。這一次，皇馬終於贏了。

穆里尼奧使出奇招，把葡萄牙中衛佩佩（Pepe）放到中場，對梅西死纏爛打，很好地限制了阿根廷球星的發揮。

C羅則發揮了決定性作用。儘管比賽的常規時間內，他只有一腳射正，但加時賽第103分鐘，迪馬利亞左路送出傳中，他如直升機一般騰空而起，在空中滑翔著用頭一點，將球送入球網！

憑藉這顆進球，皇馬1比0力克巴薩，奪得國王盃冠軍——這，是C羅白衣生涯的第一座冠軍獎盃。

對於皇馬來說，區區國王盃冠軍，當然不算什麼，但穆里尼奧至少再次證明，他是有能力擊敗巴薩和瓜迪奧拉的——這也是瓜帥執教生涯的第一次決賽失利。C羅同樣證明了，自己是有能力擊敗梅西的，但這一切，都需要在接下來的兩場歐冠半決賽裡繼續去證明。

4月27日，2010-2011賽季歐冠半決賽首回合，伯納烏球場人聲鼎沸。看臺上，兩隊的死忠粉絲互罵；球場上，兩軍將帥鬥法。

穆里尼奧故技重施，又一次將佩佩安排在後腰位置，再加

上拉薩納‧迪亞拉（Lassana Diarra）和哈維‧阿隆索（Xabi Alon-so），三名主力中場，全部偏重於防守！兩大中鋒本澤馬和伊瓜因，則都被放在了替補席，C 羅擔任前鋒。

「狂人」的用意非常明顯：主場保持平局，再去客場一搏。而傾全力防守所帶來的結果，就是皇馬的前場，只有 C 羅一個人。

於是，他更加孤單了。比賽剛剛開始 10 多分鐘，就揮手向隊友示意：趕緊壓上來，投入進攻啊！但是，穆里尼奧的戰術非常堅定，皇馬球員們也在堅定地執行著教練的戰術。

C 羅孤掌難鳴，梅西卻如魚得水。佩佩未能再次限制住「小跳蚤」，阿根廷人變得不可阻擋。

第 76 分鐘，荷蘭邊鋒阿弗萊（Afellay）右路生吃馬塞洛之後送出傳中，梅西如靈貓一般甩開拉莫斯的防守，機敏地搶前點破門，為巴薩打破僵局！

第 87 分鐘，萊奧更是如天神下凡一般，上演了單騎闖關的經典一幕：接到布斯克茨的傳球，他從中路殺出，連過迪亞拉、拉莫斯、阿爾比奧爾和馬塞洛四名皇馬球員，禁區右側右腳推射遠角，2 比 0！

梅西一個人，決定了比賽，主宰了勝負。C 羅全場比賽 8 腳射門，只有 2 次射正，黯然失色。

比賽結束後，他似乎是被穆里尼奧給「傳染」了，公開指責

巴薩受到裁判照顧，批評德國主裁斯塔克對佩佩出示紅牌。

穆里尼奧當然更是如此。他直指歐足聯偏袒巴薩，還喊話瓜迪奧拉：2009 年問鼎歐冠時，你靠的就是史丹佛橋醜聞；今年要是再次問鼎，你靠的就是伯納烏醜聞！結果，口無遮攔的「狂人」被歐足聯處以停賽 5 場的懲罰。

更糟糕的是，C 羅和穆里尼奧之間的關係，出現了更大的裂痕。

C 羅抱怨過皇馬的策略太保守，不喜歡現在的方式，穆里尼奧毫不客氣地反唇相譏：這都是因為你不愛防守！

三天之後，皇馬對陣薩拉戈薩的西甲聯賽，C 羅就坐上了冷板凳，誰都知道，這是穆里尼奧對他的「懲罰」，只有穆帥自己不肯承認。

5 月 3 日，半決賽的次回合移師諾坎普。可是，停賽之中的穆里尼奧，只能待在飯店裡看電視直播了。

第 54 分鐘，西班牙邊鋒佩德羅為巴薩首開紀錄。10 分鐘之後，馬塞洛為皇馬扳平比分。1 比 1 的平局，在一定程度上挽回了皇馬和穆里尼奧的顏面，但還是無法改變無緣歐冠決賽的結局。

這場比賽，梅西不再像首回合那麼耀眼，沒有取得進球。只是，C 羅也沒有完成自我的救贖，甚至連進球的機會都沒有，因為全場比賽，他的射門次數是 0。

　　C 羅在皇馬的第二個賽季，就這樣結束了。國王盃奪冠，歐冠突破 16 強，賽季 40 球創個人新高，這些都是進步，但他的第二座歐冠冠軍獎盃，卻還是沒有到來。而梅西，即將拿到第三座。

　　淘汰皇馬之後，巴薩時隔兩年再進歐冠決賽，對手還和兩年前一樣，還是曼聯。

　　失去了 C 羅的曼聯，實力其實已經大打折扣，全靠弗格森的執教功力與魯尼的出色發揮，才能撐到最終的決賽。

　　然而面對「巔峰夢三」，「紅魔」真的是無能為力了。佩德羅、梅西和比利亞各下一城，雖然魯尼一度扳平比分，終究還是無濟於事 —— 1 比 3，輸得心服口服。

　　比賽結束前，「弗爵爺」坐在教練席上，沒有表情的面容之下，顫抖的雙手令人心疼。而 9 年之後，這位蘇格蘭老人還是心悅誠服地讚道：「關於歷史最佳球隊，我印象最深的是 2011年在溫布利大球場，歐冠決賽與我們對陣的巴薩，他們簡直是不可戰勝的。」

　　理所當然地，梅西榮獲了 2011 年的國際足聯金球獎，這是他第三次獲此殊榮。

　　C 羅排名第二，金球獎的數量依然只有一個，1 比 3，和歐冠冠軍數的差距一樣。

而在歐冠總進球數上，梅西已經打入 37 球，C 羅則是 29 球，幾乎處於全面落後的境地。前面是如日中天的「梅球王」當道，有多少人還相信 C 羅能翻盤？

得之東隅失桑榆

皇馬與巴薩的糾纏，還沒有結束。

2011-2012 賽季的揭幕戰，兩隊又在西班牙超級盃中重逢，而這，已經是他們 9 個月以來的第六次和第七次碰面了，真是對應了一句老話：「不是冤家不聚頭」。

首回合，伯納烏之戰。梅西又進球了，一度幫助巴薩在落後的情況下逆轉比分；C 羅沒有進球，但哈維‧阿隆索挺身而出，將比分鎖定為 2 比 2 平局。

次回合，諾坎普之戰，一場更為激烈的進球大戰上演，但是，真正的主角不是打入 1 球的 C 羅，儘管這是他第一次攻陷巴薩的主場，也是他皇馬生涯的整整第 100 顆進球；亦不是梅西，儘管他梅開二度，完成 3 比 2 絕殺 —— 不是場上任何球員，而是場邊的穆里尼奧與比拉諾瓦（Vilanova）。

終場結束前，馬塞洛從背後用「剪刀腳」鏟翻西班牙中場法布雷加斯（Fàbregas），引發兩隊之間的亂鬥。亂戰當中，穆里

尼奧突然「出手」，做出一件令人絕對難以想像的事情：用右手戳了巴薩助教比拉諾瓦的右眼！

一時之間，穆里尼奧遭受口誅筆伐，簡直成了人人得而誅之的對象。

穆帥向來能言善辯，哪肯屈服於輿論的壓力？先是怒斥巴薩挑釁在先，後來還在記者會上提及比拉諾瓦的名字「Tito」時，故意說成了西班牙語裡的髒話「Pito」。這起事件轟動了整個世界足壇。

2011 年的夏天，皇馬內部還發生了一起大事件：席丹回來了，接替巴爾達諾成為「銀河戰艦」的足球總監，而他要處理的第一件事情，就是卡西利亞斯、拉莫斯等本土球員對 C 羅、對穆里尼奧的抱怨。

還是那個問題：皇馬球員們都認為，穆里尼奧讓他們在防守方面付出了太多，只為了「成全」C 羅。

C 羅有特權，不用防守，完全自由自在地踢球，只想著進球，這對其他人來說很不公平。穆里尼奧的「戳眼門」，則讓皇馬丟盡臉面，有損「皇家」尊嚴。卡西利亞斯甚至直接找到穆帥，批評他的行為太不得體，兩人從此鬧翻，再也不說話了。

但此時的 C 羅，已經陷入了比穆里尼奧「戳眼門」更大的爭議當中。

9 月 14 日，2011-2012 賽季歐冠小組賽第一輪，皇馬做客挑

戰薩格勒布迪納摩。憑藉迪馬利亞的進球，「銀河戰艦」1 比 0 帶走 3 分。但在比賽當中，對方球迷衝著 C 羅高喊「梅西」「梅西」，還對他大肆辱罵，這激怒了 C 羅。

賽後，C 羅說出了那句名言：「因為我有錢、我很帥，我還是一個偉大的球員，所以那些人嫉妒我。」

從此，這句名言就成為 C 羅「自戀」的證據，它還被網友們總結成了三個字──「高富帥」，傳遍整個華語區！

9 月 18 日，皇馬在西甲聯賽裡爆冷門輸給萊萬特，C 羅又受到對手的特殊「照顧」，腳踝都被踢出了血。賽後，他公開炮轟裁判。

9 月 21 日，皇馬繼續客場作戰，對手是桑坦德競技。下了飛機之後，C 羅遭到對方球迷的噓聲，結果，他竟然以豎中指作為反擊！事後，C 羅辯稱，這是在跟自己的隊友、葡萄牙同鄉佩佩開玩笑，但一連串的爭議性事件，還是將他拋上了風口浪尖。

這段時間，也許就是 C 羅整個職業生涯最艱難的歲月。而他能做的，就是在球場上不斷進球，特別是用一次次進球，為皇馬帶來冠軍，因為只有這樣，才能讓球迷們盡快地忘記一切的負面新聞。

於是歐冠小組賽第二輪對陣阿賈克斯，C 羅傳射建功；第

四輪 2 比 0 戰勝裡昂，他又梅開二度 —— 皇馬 6 戰全勝，輕鬆晉級 16 強。

聯賽方面，他在西甲上半程就上演 5 次帽子戲法，狀態相當良好，但在最重要的那場比賽中，C 羅還是失手了。

2011 年 12 月 10 日，賽季的第一場西甲國家德比，皇馬高居積分榜榜首，領先巴薩 3 分。

開場僅 22 秒，利用巴爾德斯的傳球失誤，本澤馬閃電破門，打入國家德比史上最快進球 —— 沒有比這更好的開局了。

第 24 分鐘，C 羅有機會將優勢擴大為 2 比 0。本澤馬左路橫敲，無人防守的他在禁區中路右腳推射，可惜出了差錯。6 分鐘後，浪費機會的懲罰就來了。梅西中路突破後直傳，智利球星桑切斯在禁區弧內右腳單刀低射破門，為巴薩扳平比分。

第 52 分鐘，哈維的右腳射門擊中馬塞洛的腿部發生折射，助「紅藍軍團」完成逆轉。第 66 分鐘，梅西又站了出來，突破分球，阿爾維斯右路 45 度傳中，法布雷加斯力壓科恩特朗（Coentrão）頭球衝頂破門，打入第三顆進球。

1 比 3，皇馬輸了，在少 1 場的情況下被對手追平，西甲爭冠愈演愈烈。而在 2012 年 1 月的國王盃四分之一決賽中，儘管 C 羅兩回合各入 1 球，穆里尼奧的球隊還是 1 平 1 負，又被巴薩淘汰，無緣成功衛冕。

不過，「狂人」終究還是展現出了世界頂級教練的風采。「銀

河戰艦」頂住巨大壓力，在聯賽裡開啟 11 連勝、18 場不敗的風暴，等到 2012 年 4 月 21 日國家德比次回合到來之前，他們領先巴薩的優勢，已經變成了 4 分。

這場諾坎普大戰，將決定本賽季西甲冠軍的歸屬，但是，皇馬還有額外的壓力，那就是歐冠半決賽。

八分之一決賽和四分之一決賽，他們都抽到好籤，也輕鬆淘汰了莫斯科中央陸軍與塞普勒斯球隊阿波羅利馬素，直到四強，終於遭遇強大的對手 —— 拜仁慕尼黑。

4 月 17 日，半決賽首回合較量，皇馬與拜仁激戰於安聯球場。

第 17 分鐘，德國中場托尼・克羅斯（Toni Kroos）左側角球傳中，拉莫斯與巴斯杜巴（Badstuber）在門前爭搶，結果被法國邊鋒裡貝里抓住機會，抽射破門。

第 53 分鐘，C 羅門前的推射被諾伊爾撲出，本澤馬突入禁區右側送出低傳，C 羅後門柱底線附近回敲，助攻隊友推空門得手，皇馬扳平比分。

不過第 89 分鐘，「銀河戰艦」還是遭到重創：拉姆右路突破科恩特朗之後送出傳中，羅本（Robben）前點沒有碰到球，德國中鋒馬里歐・戈梅茲（Mario Gómez）將球推入球門右下角，拜仁完成 2 比 1 絕殺！

次回合比賽，將在 4 月 25 日打響，也就是諾坎普大戰的 4 天後。

　　一週三場大戰，對皇馬、對 C 羅來說，都是極其艱鉅的考驗。逆轉拜仁？先把這種想法放在一邊，當務之急，是要保住榜首寶座。

　　而此戰之前，C 羅和梅西都已經打入 41 球，可謂旗鼓相當，所以，他們爭的不只是西甲冠軍，還有西甲金靴獎。

　　比賽開始僅 3 分鐘，C 羅就差點首開紀錄：隊友角球傳中，他前點頭球吊射攻門，巴爾德斯飛身一躍，用指尖將球托出橫梁。

　　第 17 分鐘，赫迪拉為皇馬取得領先，這是「銀河戰艦」在聯賽裡的第 108 顆進球，打破了西甲單賽季歷史進球紀錄（賽季的最終總進球數為 121 球）。

　　第 70 分鐘，梅西右路內切後送出直傳，伊涅斯塔腳後跟妙傳，特略推射被卡西利亞斯撲出，阿德里亞諾補射擊中阿韋羅亞，桑切斯的補射又被聖卡西單手撲出，但智利球星在即將失去平衡的情況下右腳再射，終於將球送入網。

　　然而，巴薩僅僅高興了 3 分鐘，就立刻陷入絕望，因為 C 羅來了。

　　第 73 分鐘，C 羅接到隊友右路直傳，從阿根廷中衛馬斯切拉諾的身旁反越位超車，斜插入禁區，單刀面對巴爾德斯，閃開空當後右腳推射破門！

　　冷靜！進球之後，C 羅做出了這樣的手勢。隊友們可不管

這一套，一擁而上，與他擁抱慶祝。

做著「冷靜」的手勢，他的心中卻充滿了得意與驕傲，不，也許更多的是一種宣洩與釋放。

因為這是 C 羅皇馬生涯迄今為止最重要的一次進球，正是憑藉此球，皇馬 2 比 1 擊敗巴薩，在僅剩四輪的情況下，將領先優勢擴大到 7 分，奪冠，已經沒有懸念。

加盟皇馬三個賽季，C 羅終於奪得了第一個聯賽冠軍，也終於戰勝了梅西，率領皇馬打破了巴薩「夢三隊」的絕對壟斷，重新贏得了「美凌格」的信任與支持！

以 4 球之差無緣西甲金靴，他已經不在乎了：「我想要的是聯賽冠軍，我已經拿過兩個歐洲金靴獎了，再贏一個當然好，但不贏也沒有任何問題！」

四天後的歐冠半決賽第二回合，處於逆境之中的皇馬，還得依靠 C 羅來拯救。

開場第 6 分鐘，拜仁後衛阿拉巴禁區內手球犯規，C 羅面對諾伊爾，右腳罰球一蹴而就，將總比分扳成 2 比 2 平！

第 14 分鐘，隊友中路送出直傳，C 羅禁區中路右腳輕鬆推射，梅開二度，2 比 0 ！皇馬總比分 3 比 2 反超。這是 C 羅本賽季的第 10 顆歐冠進球，打破了個人單賽季的歐冠進球紀錄。

不過第 26 分鐘，佩佩禁區內拉倒戈梅茲，送上罰球，羅本

左腳主罰命中，又將總比分扳成了 3 比 3 平。此後，兩大豪門再無建樹，只能進入加時賽乃至罰球大戰。

送點的阿拉巴第一個主罰，攻破了卡西利亞斯的城門。皇馬這一邊，第一個出場的是 C 羅，他的右腳射門，卻被諾伊爾判斷正確，拒之門外！

雪上加霜的是，第二個出場的卡卡，重蹈 C 羅的覆轍，再次成就了德國門神。

聖卡西雖然也撲出了托尼·克羅斯和拉姆的罰球，但是，第四個出場的拉莫斯直接將球罰丟！而在施魏因施泰格（Schweinsteiger）打進致勝罰球之後，皇馬最終遺憾地倒在了 12 碼點，無緣歐冠決賽……

三年了，巴薩也贏了，西甲冠軍也拿了，怎麼就是達不到那個彼岸，拿不到第二個歐冠冠軍呢？輸球之後的 C 羅，滿臉都寫著不甘，但沒有無奈，也沒有絕望，他盯著冠軍獎盃的眼神，裡面寫滿了兩個字──「渴望」，而這種飢渴的慾望，將會催生出更加強大的 C 羅。

不甘的還有穆里尼奧，他不僅沒能率領皇馬問鼎歐冠，還得眼睜睜地看著淘汰自己的拜仁去決賽「送頭」，看著自己的老東家切爾西捧起大耳盃。

這是他在史丹佛橋球場執教時，唯一沒有取得過的榮譽。但其實，切爾西還是應該感謝「狂人」，因為主要的奪冠功臣

們，還是當年他手下的那幫「老男孩」：切赫、特里（決賽停賽缺席）、艾許利・科爾、蘭帕德、德羅巴。

　　　奪得西甲冠軍，無緣歐冠冠軍；C 羅得之東隅，失之桑榆。然而，人生哪有什麼事事如意？不過都是苦盡甘來。每一次的失敗，都將成為他下一次前進的動力。而一個賽季狂進 60 球，更是令他對自己充滿信心。於是，站在伯納烏球場上的 C 羅，將垂下的腦袋重新抬起，眼神裡的驕傲重新浮現。當他無意間向西南方望去之時，600 公里外的祖國，**似乎有著什麼東西，在向他發出召喚……**

第五章　再冠

　　漫天紙屑之中，Ｃ羅將重達8.5公斤的銀製獎盃高高舉過頭頂，臉上露出了燦爛的笑容。「真棒！」他對著英國《天空體育》的話筒喊道，而為了能說出這句憋在心中已久的話，他已經等了足足五年。這五年，成功多過於失敗，但能等來這一天，Ｃ羅，你真的很棒！

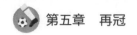

斯人揮手自茲去

這一天到來之前，C 羅還正在苦苦等待著。

2012-2013 賽季，他、穆里尼奧、皇馬的頭一號勁敵，還是巴薩，而這一次，他們看到了一個千載難逢的好機會。

這是因為，締造「夢三王朝」的瓜迪奧拉，竟然在 2012 年夏天離開了諾坎普球場！失去「總設計師」的「紅藍軍團」，是否就此一蹶不振？「銀河戰艦」又能否趁此機會衛冕西甲、稱雄歐冠？這些問號，都等待著 C 羅給出答案。

西超盃的兩回合比賽，C 羅各進一球。一次頭球破門，另一顆進球則更為精彩：腳後跟戲耍巴薩中衛皮克，單刀低射建功！此外，他還在第二回合的較量中製造了阿德里亞諾（Adriano）的紅牌，令皇馬在戰場上多一名戰力。

儘管梅西也打入一記精彩的任意球，但是，最後的贏家還是 C 羅。這是他與穆里尼奧一起贏得的第三個冠軍，從而完成了西班牙足壇的大滿貫！

兩個月之後的 10 月 7 日，西甲國家德比又打響了。新賽季開始後，身為衛冕冠軍的皇馬起步不佳，前 6 輪只拿到 10 分，做客諾坎普之前，已經落後領頭羊巴薩 8 分。

不過，C 羅的狀態卻勢如破竹，四天前與阿賈克斯的歐冠小組賽，他剛剛上演帽子戲法，而這竟然是他連續第二場比賽戴帽！

　　果然，比賽第 22 分鐘，C 羅就率先發威，接本澤馬助攻，左腳攻破巴爾德斯的十指關。但梅西立刻還以顏色，9 分鐘之後，利用佩佩的解圍失誤扳平比分。

　　第 60 分鐘，萊奧又奉獻了任意球圓月彎刀，令卡西亞斯（Casillas）徒呼奈何。但 6 分鐘後，C 羅迅速做出回應，單刀破門，同樣梅開二度。

　　正如 2 比 2 的最終比分，C 羅和梅西各自包辦了本隊的全部進球，打出了最勢均力敵、難分難解的「梅羅爭霸」，再次證明了「絕代雙驕」超越群倫的江湖地位，球迷們則看得如痴如醉！不過，平局對於皇馬來說並非好事，未能縮小分差，意味著他們想要成功衛冕，變得越來越困難了。

　　歐冠賽場，皇馬也遇到難題，因為他們被抽到名副其實的「死亡之組」！同組對手，包括上賽季以得失球差優勢力壓曼聯、首奪英超冠軍的曼城、問鼎德甲冠軍的多特蒙德，以及歐冠四冠王阿賈克斯 —— 想要出線，並不容易。

　　所幸，C 羅的進球感覺依舊火熱。首戰曼城，他就收穫一顆進球；次戰「賈府」，上演帽子戲法；三戰多特，又是一球 —— 前三輪小組賽，就已經有 5 球入帳！

　　然而，兩次面對克洛普（Klopp）執教的德甲「大黃蜂（多特蒙德）」，皇馬 1 負 1 平，難求一勝，又在客場被「藍月軍團（曼

城）」逼平，一度遭遇連續三輪不勝的尷尬。不過，阿賈克斯實力下滑，曼城經驗欠豐，還是無力阻止「銀河戰艦」獲得小組第二，而 C 羅在最後一輪又傳射建功，小組賽踢完便已打進 6 球。

八分之一決賽，C 羅遇到了最不願意遇到的對手——曼聯。

這是他離開「紅魔」之後第一次對陣舊主。對於老東家，對於恩師弗格森、對於曼聯球迷，他一直心懷感恩，所以心情非常複雜，但是賽前，出於職業精神，出於對現東家的尊重，他還是公開許下諾言：為皇馬進球！

首回合坐鎮伯納烏，C 羅的前隊友魯尼在比賽第 20 分鐘送出助攻，英格蘭前鋒維爾貝克（Welbeck）甩開拉莫斯，頭球破門首開紀錄。

而第 30 分鐘，C 羅就兌現了承諾：科恩特朗回敲，迪馬利亞左路傳中，他將身體繃得筆直，刷的一下躍起，頭槌叩關得手！

不過進球之後，他的臉上沒有絲毫喜悅之情，有的只是歉意。他伸開雙手，示意自己不會慶祝，只是與跑過來的隊友簡單擁抱。

看到這一幕，不知有多少曼聯球迷會眼裡泛著淚花，腦海裡回想起他身披「紅魔」戰袍時的一幕幕？想必進球之後，C 羅的腦海裡，也許閃現出那些美好的回憶。

比賽結束後，人們討論的主角依然是 C 羅，弗格森忍不住稱讚愛徒：「多棒的一個頭球啊，令人難以置信！你無法阻止這樣的進球。衝刺彈跳讓他掌握了空中。半場休息時，我曾問埃弗拉：為什麼你不和他爭頂？然後我看了錄影，我就想，我到底都說了些什麼？我認為對陣舊主對他來說很難，這裡面包含了很多情緒，因為他為我們效力過六年。不過，他總是一個巨大威脅，當他拿球時，你就只有祈禱的份了。」

2013 年 3 月 5 日，次回合較量，老特拉福德球場 —— 時隔將近四年，C 羅「回家」了！

「歡迎回來！但請別進球！」夢劇場的「紅魔」支持者，用這樣的標語歡迎偉大的昔日 7 號，心中的情緒之複雜糾結，由此可見。

不得不說，曼聯一度非常接近晉級：第 48 分鐘，拉莫斯送上了烏龍大禮。然而比賽在第 56 分鐘突發轉折：葡萄牙邊鋒納尼在爭搶高球時，踢中了阿韋羅亞的胸口，結果被主裁判恰基爾直接紅牌罰下！曼聯全隊都對此相當不滿。

少一人作戰，「紅魔」的形勢漸漸被動。第 66 分鐘，拉莫斯將功補過，助攻莫德里奇扳平比分。而第 69 分鐘，伊瓜因禁區右側傳中，C 羅後點包抄破門，再度洞穿老東家的城池 —— 他上一次在夢劇場進球，已經是 2009 年 5 月的事情。

因為納尼的紅牌、C 羅的進球，皇馬最終逆轉曼聯，殺入

歐冠八強。但在比賽結束後，穆里尼奧極其罕見地承認：「最好的球隊輸了，我們表現不好，我們配不上這場勝利，但這就是足球。」

C 羅也沒有因為贏球感到開心，而是深沉地說道：「我更為曼聯感到難過。」誰都知道，他說的是真心話。

無論如何，結果無法改變，C 羅和皇馬繼續在歐冠賽場上高歌猛進。四分之一決賽，他們主場 3 比 0 大勝土耳其球隊加拉塔薩雷，C 羅開場第 9 分鐘就閃擊破門。次回合雖然客場 2 比 3 告負，皇馬依然連續第三個賽季挺進半決賽，而這兩顆進球，又都是 C 羅攻入的，他的賽季歐冠進球數，再次來到兩位數。

半決賽，又是半決賽。兩年前和一年前的殷鑒不遠，皇馬能不能打破「半決賽魔咒」呢？這得問多特蒙德。小組賽的兩場較量，穆里尼奧的球隊都未能取勝。

4 月 23 日的西格納伊度納公園，C 羅大戰萊萬（Lewandowski）。開場第 8 分鐘萊萬就接格策（Götze）傳中，墊射破門。

第 43 分鐘，莫德里奇送出精妙挑傳，德國國腳胡梅爾斯（Hummels）回傳門將卻出現致命失誤，阿根廷前鋒伊瓜因斷球後橫傳，C 羅包抄推射空門得手，將比分扳平。這是他本賽季的第 12 顆歐冠進球，更是職業生涯的第 50 個歐冠進球，成為繼勞爾、范尼斯特魯伊、梅西、亨利之後，歷史上第五位達到歐冠 50 球里程碑的球員！

然而接下來，就全都是萊萬的表演時刻了：

第 50 分鐘，羅伊斯直傳，波蘭神鋒反越位成功後破門，梅開二度。第 55 分鐘，施梅爾策（Schmelzer）大力抽射被皇馬後衛擋下，萊萬禁區內拉球過人後抽射入網，帽子戲法！第 66 分鐘，羅伊斯突入禁區被哈維‧阿隆索放倒，他又罰球命中，完成大四喜！

1 比 4，這是 C 羅與萊萬的比分，也是皇馬與多特的比分，一場比賽，幾乎就決定了最終的命運。回到伯納烏球場，「銀河戰艦」雖然 2 比 0 取勝，但依然以 3 比 4 的總比分慘遭淘汰，連續第三個賽季止步半決賽 —— 繼「歐冠 16 郎」之後，他們被新的魔咒所緊緊束縛。

而淘汰了皇馬的多特蒙德，則與連續第二年闖入決賽的拜仁慕尼黑，上演德甲內戰，最終，憑藉羅本最後時刻的絕殺，「南大王（拜仁）」以 2 比 1 的比分擊敗「大黃蜂」，成就了 2012-2013 賽季的二冠王偉業！

歐冠出局，西甲冠軍也將是巴薩的，皇馬只剩下國王盃一項冠軍可以爭奪。

半決賽，又見國家德比！但由於癌症病情惡化，巴薩主帥比拉諾瓦（Vilanova）已在 2012 年 12 月進行手術，無法繼續任職，只能由助理教練約爾迪‧魯拉暫掌教鞭。而穆里尼奧也透過朋友，向比拉諾瓦送出祝福，兩人算是冰釋前嫌。

　　首回合，皇馬主場 1 比 1 戰平巴薩。次回合出征諾坎普，C
羅閃耀全場：先是自己製造罰球並命中，然後又用左腳再下一
城，雙響建功。相比之下，梅西在比賽中幾乎無所作為，未能
挽回 1 比 3 的敗局。

　　半決賽是西班牙國家德比，決賽則換成了馬德里同城德比。

　　聯賽裡，皇馬雙殺馬德里競技，而且自 1999 年以來同城
德比保持不敗，奪冠似乎不成問題。故事似乎也是這麼發展
的：比賽第 14 分鐘，隊友角球傳中，C 羅擺脫烏拉圭後衛戈
丁（Godín）的糾纏，頭球叩關得手，攻破了馬競門將庫爾圖瓦
（Courtois）的十指關！

　　但是，在第 76 分鐘科斯塔助攻法爾考（Falcao），將比分扳
成 1 比 1 平。

　　皇馬運氣也夠背的，包括 C 羅的任意球射門在內，竟然三
次擊中對方門柱！穆里尼奧還因為不滿裁判判罰，衝出技術區
抗議，又被紅牌罰下。

　　鏖戰至加時賽，第 99 分鐘，西班牙中場科克（Koke）右路
傳中，巴西中衛米蘭達（Miranda）前點甩頭攻門，2 比 1！「馬
競」完成逆轉。而第 114 分鐘，又一幕讓人難以置信的事情發生
了：「馬競」隊長加比對 C 羅犯規，C 羅倒地之後，出了個踢人
報復的動作，也被主裁出示紅牌罰下！至此，皇馬 14 年來首次
輸給馬競，痛失國王盃冠軍。

賽季四大皆空，穆里尼奧難逃「穆三年」魔咒，命運已經注定。賽後，他坦然承認：「這是我執教生涯最糟糕的一個賽季！」果然，國王盃決賽結束三天之後，「狂人」就下車了。要知道就在一年之前，奪得西甲冠軍的他，剛與皇馬續約四年。

曾經兩次問鼎歐冠、被譽為世界足壇最優秀主帥之一的穆里尼奧，最終都未能幫助 C 羅奪得個人第二座歐冠冠軍，還有誰可以呢？

三英聚首滅豪雄

誰來接替穆里尼奧？這是一個難題，但弗洛倫蒂諾只鍾情於一人——義大利人卡洛・安切洛蒂（Carlo Ancelotti）。

這是一位他心儀已久的足壇名帥，此前已經發出過兩次執教邀請，都遭到對方的拒絕，直到第三次，安切洛蒂才點頭同意。

安切洛蒂與穆里尼奧，是截然不同甚至完全相反的兩個人，卻是當下最適合皇馬的選擇。

球員時代，他代表 AC 米蘭分別兩奪義甲和歐冠冠軍；轉戰教練席之後，他又率領「紅黑軍團」兩次問鼎歐冠，以兩種身分，總計 4 次捧起大耳聖盃，堪稱歐冠歷史上最成功、最傳奇

的人物！

更重要的是，他的性格與「狂人」正好相反：溫和寬厚、風趣幽默，是個十足的「老好人」，在更衣室裡深受球員們的愛戴。而且他絕不死板，能夠因地制宜地做出調整，比如讓皮爾洛（Pirlo）改打後腰，創造出四大 10 號並存的「聖誕樹」陣型。雖然是義大利籍主帥薩基（Sacchi）的門徒，但安切洛蒂的骨子裡有進攻足球的基因。

在穆里尼奧「對抗世界」三年之後，弗洛倫蒂諾就需要這麼一位「老好人」，去與世界和解。來到皇馬之後，安切洛蒂深知自己有兩大任務：

第一，修復穆帥造成的更衣室內部裂痕，這就需要與 C 羅、拉莫斯兩大球員領袖搞好關係。

第二，改變防守反擊的保守風格，踢得更有攻勢、更漂亮，這同樣需要 C 羅的幫助。

於是，安帥主動提出，希望 C 羅去踢中鋒，但是，當 C 羅表達自己的想法，說出自己更想踢左邊鋒時，義大利人就立刻改弦更張了。

C 羅當然知道安切洛蒂的大名，但在他以前的印象之中，安帥是一個非常嚴肅的人。不過第一次見面，他就改變了看法，相處之後，更是被這位胖乎乎的、長得像《灌籃高手》裡安西教練的名帥的和藹性格與為人處世的作風所折服。

「他好得不可思議，在我的整個職業生涯裡，他是我遇到過的最好的、最重要的人之一，和他在一起就像在一個家裡，你成了他家中的一分子。」

而在 C 羅眼中，安切洛蒂做得非常出色的一點，就是保護更衣室不受弗洛倫蒂諾主席的干擾，特別是在球員安排方面。換句話說，就是他堅持樹立 C 羅為核心，贏得了 C 羅的心。

在當時，C 羅其實已經感受到，自己在皇馬隊中的地位受到了威脅。因為 2013 年夏天，弗洛倫蒂諾有了自己的新寵 —— 加雷斯·貝爾（Gareth Bale）。

皇馬斥資 1.01 億歐元，將貝爾從英超球隊托特納姆熱刺簽下，這打破了 C 羅保持的轉會費紀錄。而 C 羅與皇馬的續約談判，則一直處於停滯當中，直到 9 月分才簽下新約，他獲得了最高可以達到 2,100 萬歐元的鉅額年薪。

對於這麼高的薪水，「老佛爺」並不滿意，他知道現在的皇馬還離不開 C 羅，但需要扶植一個「新 C 羅」來與之相抗衡，以便日後能夠徹底擺脫「C 羅依賴症」。於是，他買來了貝爾，並要求安切洛蒂重用這位威爾斯邊鋒。

2010-2011 賽季的歐冠小組賽中，貝爾一戰成名。

熱刺兩戰國際米蘭，貝爾出盡風頭，徹底打爆擁有「世界第一右後衛」美譽的巴西國腳麥孔。首回合較量，貝爾左路多次上演強吃麥孔的好戲，完成驚人的帽子戲法；次回合雖然沒有進

球，但他依然多次「超車」藍黑右閘，搞得後者狼狽不堪，並助攻梅開二度。

2012-2013 賽季，貝爾交出了 33 場英超 21 球的出色成績，一舉獲得了英超聯盟官方、職業球員工會、足球記者協會評選出來的「三料」賽季最佳球員！這簡直就是下一個 C 羅啊！弗洛倫蒂諾如獲至寶，所以不惜砸出重金，也要將貝爾挖來伯納烏球場。而他也透過經紀人向弗洛倫蒂諾提出要求，希望能夠像 C 羅那樣，更多地往中路活動。

「老佛爺」進而向安切洛蒂施壓。令他沒想到的是，義大利人根本不為所動，絲毫沒有在壓力下屈服。最終，還是這個「老好人」說服了貝爾，讓他接受了右翼鋒的位置。

C 羅和貝爾都是邊鋒，都要在邊路拿球，但也都想往中路內切，這必然會擠占中路原本就很擁擠的空間。那麼問題來了：中鋒該怎麼辦？

如果是一名痴迷於進球、等著邊鋒來製造機會的中鋒，必然無法適應皇馬的打法。好在，安切洛蒂有本澤馬。法國中鋒有著出眾的球商和意識，又足夠無私，願意做出犧牲，拉出來給隊友做球，就像 C 羅在曼聯時的隊友魯尼。

於是，本澤馬（Benzema）、貝爾（Bale）、克里斯蒂亞諾（Cristiano），名垂青史的「BBC 組合」，就此誕生！

此外，安切洛蒂還擁有阿根廷國腳迪馬里亞（Di María），他既可以頂替貝爾踢右翼鋒，也可以成為 C 羅在左邊鋒位置的替補，還能勝任中場，能夠帶來更好的攻守平衡。再加上掌控中場節奏的莫德里奇、拖後防守的哈維·阿隆索以及他的替補赫迪拉，「銀河戰艦」的中前場配置搭建完畢。

甫一到來，安切洛蒂就向弗洛倫蒂諾許下了鄭重承諾：為皇馬帶來歐冠冠軍。

「老佛爺」剛剛作為唯一的主席候選人連任成功，對於隊史上第 10 冠的渴望，自然是更加迫切。而這也已經成為皇馬俱樂部上下的共識與執念：西甲冠軍、國王盃冠軍、西班牙超級盃冠軍都不算什麼，最重要的就是歐冠，只有歐冠。

對於歐冠冠軍，C 羅更是急不可耐了。

在 2013 年 11 月的世界盃預選賽附加賽次回合中，他一人獨中三元，讓梅開二度的伊布拉希莫維奇黯然失色，憑藉一己之力帶領葡萄牙淘汰瑞典，躋身世界盃決賽圈，也因此「壓哨」贏得了國際足聯金球獎。

這是 C 羅的第二座金球獎。在頒獎典禮上，他動情地哭了起來。但是，這一評選結果，卻引發了巨大爭議！

輿論更同情拜仁慕尼黑的球員們，因為他們成就了三冠王偉業，尤其是奪得了歐冠冠軍，在榮譽方面，是要勝過 C 羅的。這種聲音，也讓 C 羅再次明白：想要毫無爭議地成為足壇

第一人，大耳聖盃，是必須要拿到的！

2013-2014 賽季的歐冠小組賽，皇馬與尤文圖斯、加拉塔薩雷、哥本哈根同分在一組，出線不是問題，主要是與「斑馬軍團」爭奪頭名。

而從一開始，Ｃ羅就展現出了極佳的競技狀態：首輪面對土超豪門，他一上來就上演帽子戲法；緊接著次戰丹麥球隊，又是梅開二度；兩戰尤文圖斯，他一共打入 3 球；末輪對陣哥本哈根，又進 1 球──5 次出場，盡皆破門，小組賽階段就狂轟 9 球！

八分之一決賽，皇馬抽到了德甲勁旅沙爾克 04。

首回合做客，Ｃ羅繼續火爆演出，連下兩城，連續第三個賽季歐冠進球上雙！更重要的是，本澤馬和貝爾也分別雙響，「BBC 組合」竟然各進了兩球！而且這 6 顆進球裡，有 5 球是三人之間的互相傳射，默契與威力盡顯！

次回合比賽，Ｃ羅又進兩球，進球數已經達到驚人的 13 球，最終皇馬兩戰 9 球屠戮，輕鬆晉級歐冠八強。

四分之一決賽，「銀河戰艦」再戰克洛普的多特蒙德，Ｃ羅也迎來了個人的歐冠正賽百場里程碑（不算資格賽）。自然，他絕不想把里程碑變成「里程悲」，必須竭力避免重蹈上個賽季的覆轍。

首回合比賽，貝爾和伊斯科相繼破門得分，而Ｃ羅則在

第 57 分鐘接莫德里奇助攻，輕鬆把球送入網，鎖定了 3 比 0 的比分。

這已經是他本賽季的第 14 顆歐冠進球，一舉追平梅西、阿爾塔菲尼（Altafini）共同保持的歐冠單季進球紀錄；也是他職業生涯的第 64 顆歐冠正賽進球，還是排在勞爾（71 球）和梅西（67 球）之後，位列歷史第三。

3 球的優勢已經很明顯了，所以次回合的較量，C 羅並沒有首發。皇馬雖然 0 比 2 告負，但仍然以 3 比 2 的總比分挺進四強！安切洛蒂也算是替穆里尼奧成功復仇了。

歐冠半決賽，皇馬的對手是衛冕冠軍拜仁慕尼黑。不過，此時拜仁的主帥已經從海因克斯換成了瓜迪奧拉。沒有了巴薩，沒有了梅西，沒有了穆里尼奧，沒有了國家德比，只剩下 C 羅與「瓜帥」的直接對話。

4 月 23 日，伯納烏球場，皇馬率先主場作戰。賽前，「美凌格」很擔心：C 羅受到髖骨肌腱炎的困擾，已經缺席了 4 場比賽，雖然復出，但狀態究竟如何？

事實證明，這種擔心還是有些多慮！儘管不在自己的最佳狀態，C 羅依然是球場上最耀眼的明星。

比賽第 19 分鐘，C 羅左路策動攻勢，送出手術刀直傳，科恩特朗左路突破下底低傳，本澤馬門前包抄到位，輕鬆推射破

門，打破場上僵局！

　　僅僅 1 分鐘之後，迪馬利亞右路傳中，C 羅門前頭球攻門，被德國門神諾伊爾（Neuer）沒收。第 26 分鐘，本澤馬快速反擊中斜傳門前，C 羅中路包抄推射，可惜將球打偏，錯失得分良機。

　　儘管 C 羅未能攻城拔寨，皇馬還是以 1 球小勝，占得先機。賽後，安切洛蒂為愛將的打拚而感動，稱讚道：「C 羅只恢復了 50％的狀態，但他已經盡了最大的努力。」

　　6 天之後的次回合大戰，C 羅的狀態從 50 ％提升到了 80％，於是，就成為比賽的真正主宰者。

　　當然，先站出來的是拉莫斯。第 16 分鐘和第 20 分鐘，莫德里奇的角球傳中，迪馬利亞的任意球傳中，西班牙鐵衛頭球梅開二度，將總比分擴大為 3 比 0。

　　接下來，就輪到 C 羅了。第 34 分鐘，「BBC 組合」聯袂發威：本澤馬反擊中右路分球，貝爾中路突破後無私橫傳，C 羅禁區左側單刀面對諾伊爾，左腳冷靜推射破門！

　　第 89 分鐘，C 羅在大禁區弧頂前被放倒，贏得了距離球門只有 24 公尺的極佳任意球機會。他與莫德里奇、貝爾都站在球前，這足以令任何門將精神緊繃。不過，諾伊爾被譽為「世界第一門將」，深知這種至關重要的任意球，必定是 C 羅主罰，而這種距離，對於電梯球來說太近，所以心中打定主意，要著重提

防他的弧線球。

任意球其實與罰球一樣，都是罰球人與門將之間的心理博弈。C 羅也猜到諾伊爾的心中所想，於是，他做出了一個極其大膽又出人意料的決定：沒有選擇弧線球繞過人牆，而是直接一腳低射！

球從人牆底下鑽過，飛速竄入球網，諾伊爾目瞪口呆，毫無反應！

這是一腳羅納爾迪諾式的任意球破門，C 羅再次展現出自己的天資、理性與冷靜。他本賽季的歐冠進球數，也達到了 16 球，一舉超過梅西、範尼斯特魯伊、阿爾塔菲尼，創造了歐冠單賽季的進球新紀錄！而他的歐冠正賽總進球數也達到 66 球，距離梅西只差 1 球；歐冠淘汰賽總進球數達到 33 球，正好多出梅西 2 球！

最終，皇馬 4 比 0 大勝拜仁，以 5 比 0 的總比分淘汰對手，終於打破了持續三年的「半決賽魔咒」，時隔 12 年，再次躋身歐冠決賽！

而隊史第 10 個歐冠冠軍，真的就在那一步之外了。

五載之後再捧盃

C 羅的故鄉馬德拉島，在地理上其實不屬於歐洲，它離非洲西海岸相對更近，位於北非國家摩洛哥以西 600 公里的大西洋上。而在馬德拉島東北方向的 1000 公里之外，就是歐洲大陸最西端的城市 —— 葡萄牙首都里斯本。

擁有 500 多年歷史的貝倫塔，矗立於太加斯河北岸，見證了里斯本曾經的輝煌。在大航海時代，航海家們從這裡出發，在風暴中探尋與丈量著地球的邊際。

離開馬德拉島，C 羅的第一站，也是里斯本。從這裡出發，他走向了曼徹斯特、馬德裡，甚至全世界。而如今，他又回到了里斯本，不過，回的不是葡萄牙體育的阿爾瓦拉德球場，而是本菲卡的光明球場 —— 2014 年歐冠決賽，就在這裡舉行。

皇馬的對手是「馬競」，此時的「馬競」，正處於最巔峰的時期。

在剛剛結束的西甲聯賽裡，他們與巴薩爭奪冠軍，直到 5 月 17 日最後一輪直接交鋒，才分出勝負。而 1 比 1 的比分，足以令迪亞哥‧西蒙尼（Diego Simeone）的球隊力壓對手，奪得 18 年來的第一個西甲冠軍！

「床單軍團」最引以為傲的，是他們的鐵血防線：門將庫爾圖瓦（Courtois），邊後衛胡安法蘭（Juanfran）、菲利佩‧路易斯

(Filipe Luis)，中後衛戈丁、米蘭達，再加上中前衛加比、蒂亞戈·門德斯（Tiago Mendes）。這條防線，讓「馬競」整個賽季38輪聯賽只丟了26球，比皇馬少丟12球！

鋒線上，他們擁有迪亞哥·科斯塔（Diego Costa）和大衛·比利亞（David Villa）。有著巴西和西班牙雙重國籍的科斯塔，球風強硬，在場上橫衝直撞，對方後衛很難與之抗衡。本賽季西甲，他35場攻入27球，僅次於31球的C羅和28球的梅西，歐冠也有8球入帳。

從巴薩加盟的比利亞，則是技術精湛、意識敏銳、身經百戰、經驗老到，本賽季西甲貢獻15球5助攻，兩人「一文一武」，相得益彰。

兩翼，則有勞爾·加西亞（Raúl García）、科克和阿爾達·圖蘭（Arda Turan）。這三人之中，有兩人擔當主力。他們的跑動和防守非常積極，不僅願意做髒活、累活、堅決執行教練的戰術，而且還能在進攻方面提供創造力和進球。

如此一來，「馬競」的442陣型組織嚴密，退可守，進可攻，具有極強的戰鬥力。所以，他們才能在八分之一決賽雙殺AC米蘭，還打出了4比1的成績；四分之一決賽1平1勝淘汰巴薩，面對梅西、內馬爾（Neymar）領銜的攻擊群，兩回合只丟1球；半決賽力克切爾西，把以防守見長的穆里尼奧，防得毫無脾氣。

對上這樣一支「馬競」，皇馬的難度可想而知！

　　事實上，聯賽裡的兩回合交手，皇馬都沒能占到什麼便宜：
2013 年 9 月 28 日，他們在伯納烏 0 比 1 飲恨，科斯塔第 10 分
鐘一擊致勝，C 羅卻無功而返。2014 年 3 月 2 日，卡爾德隆球
場的德比戰，「銀河戰艦」又以 2 比 2 平局收場，C 羅第 82 分鐘
才將比分扳平。

　　此外，安切洛蒂的球隊還被巴薩雙殺：主場 1 比 2 告負，
客場更是輸了個 3 比 4，梅西上演帽子戲法——4 戰兩大德比
死敵，竟然全都不勝！

　　好在，4 月 16 日的國王盃決賽，皇馬還是以 2 比 1 險勝巴
薩，奪得了本賽季的第一座冠軍獎盃，總算是為歐冠決賽增添
了些許信心，不過，C 羅卻因傷缺席了這場比賽。

　　4 月，C 羅左腿肌肉拉傷，休戰半個月，因此無緣國王盃決
賽。5 月初，皇馬客場挑戰巴拉多利德，他因為髖骨肌腱炎感到
不適，只踢了 8 分鐘就被換下場；傷勢稍稍好轉，C 羅又準備
在西甲收官戰中首發，結果熱身賽時再次感到不適，為保險起
見，最終被伊斯科頂替。

　　就在決賽之前，一直困擾 C 羅的髖骨肌腱炎又一次發作
了，但是無論如何，他都不可能缺席這場「光明頂決戰」。

　　回到祖國踢決賽，C 羅是「榮歸故里」，若不能上陣，葡萄
牙球迷會非常失望。當然，最失望的肯定是他自己，因為這是
他職業生涯至今最重要的一場比賽。

這尊大耳金盃，C 羅追逐了六年，從曼徹斯特追到了馬德里，縱然被巴薩、多特蒙德、拜仁擊敗，也是百折不回，直到今天，才終於重新回到了最後的決戰舞臺。

若是奪冠，C 羅不僅將成為皇馬的英雄，更將成為無可置疑的足壇第一人，當之無愧的金球獎得主。若是失敗呢？他將會被天下人嘲笑，包括皇馬球迷，也許他永遠也比不過、趕不上梅西了！

比賽開始了，僅僅 9 分鐘，就有球員因傷被迫離場！不過不是 C 羅，而是迪亞哥・科斯塔——馬競遭遇當頭一棒。

可是，西蒙尼的球隊實在是太頑強、太鐵血了。

第 36 分鐘，加比右側角球傳中被解圍，胡安法蘭以頭球頂回到禁區內，戈丁小禁區前力壓赫迪拉、完成頭球接力，卡西利亞斯出擊失誤，回追撈球已經來不及，球吊入空門，0 比 1！馬競領先，皇馬落後。

面對馬競的銅牆鐵壁，C 羅踢得很艱難，只能透過任意球射門來尋找機會，可惜，每次嘗試都被庫爾圖瓦拒之門外。

眼看著時間一分鐘一分鐘地流逝，90 分鐘常規時間已經結束，進入傷停補時，比賽行將結束，他就要夢斷里斯本。西班牙中衛拉莫斯此時挺身而出，意欲拯救 C 羅，更拯救皇馬！

第 93 分鐘，莫德里奇右側角球傳中，「水爺」在後插上甩頭

攻門，將球頂入球門左下角！安切洛蒂的球隊壓哨絕平，奇蹟般地將比賽拖入到加時。

　　眼看著到手的勝利從嘴邊溜走，體能耗盡、多人受傷的馬競血拼到最後，終於還是繃不住了。加時賽第 110 分鐘，迪馬利亞左路強行內切，連過三人殺入禁區，左腳低射被庫爾圖瓦撲出，貝爾頭球入網，2 比 1，皇馬反超比分。

　　第 118 分鐘，C 羅為隊友作嫁衣：左路回敲，馬塞洛中路連續突破後左腳低射，庫爾圖瓦雖然撲到球，但經過折射之後，球還是飛入網，3 比 1！

　　第 120 分鐘，由 C 羅來為比賽正式蓋棺論定了：他突入禁區被戈丁放倒，親自罰球命中，4 比 1！勝利屬於馬德里，白色的那一邊。

　　進球之後，C 羅「瘋」了！他脫去上衣，張開雙臂，狂奔著，嘶吼著，向全世界秀出了自己漂亮的上半身肌肉，尤其是那八塊腹肌。這副完美的身材，猶如古希臘的雕塑一般，在那個夜晚熠熠發光。這是他多年以來努力健身訓練的結果，就和那尊金光閃閃的獎盃一樣。

　　從 2008 年 5 月 21 日到 2014 年 5 月 24 日，六年零四天，2,194 天，C 羅終於奪得了個人的第二個歐冠冠軍，也是加盟皇馬以來的第一個。

他以 17 顆進球，重新整理了歐冠單賽季的進球紀錄；以 67 顆歐冠正賽進球，追平梅西，位列歷史射手榜第二；算上資格賽的話，歐冠總進球數達到 68 球，正式超越梅西，僅次於「歷史第一射手」勞爾。

1978 年世界盃冠軍隊主帥梅諾蒂評價道：「隨著安切洛蒂的到來，皇馬變得更平靜了，C 羅隨之發生變化，以往他只是想著贏球，現在他變得更淡定與從容了。」

因為穩定而淡定，因為自信而從容。雖然 C 羅在決賽中只進了一個看似是「錦上添花」的罰球，但是，如果沒有他的連續 8 場進球，沒有他全部的 17 顆進球，皇馬根本不可能走到最後的決賽，更別提奪冠了。

所以，「銀河戰艦」能夠時隔 12 年再次問鼎、隊史第 10 次歐冠折桂，成為歷史上第一支歐冠奪冠次數達到兩位數的球隊，C 羅絕對是頭號功臣，這毋庸置疑。

即便不看西甲冠軍和國王盃冠軍，只看這尊大耳聖盃，皇馬在 C 羅身上投入的那 9,400 萬歐元轉會費，以及一年 2,100 萬歐元的薪資，就全都值了！

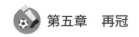

一尊金球何以酣

2015 年 1 月 12 日，瑞士蘇黎世，又一年的國際足聯年度頒獎典禮。

沒有任何懸念，C 羅成為最終的贏家，得票率達到 37.66％。第二名梅西的得票率是 15.76％，第三名、2014 年世界盃冠軍得主諾伊爾的得票率是 15.72％——他一個人，就超過了另外兩位的總和。

這是 C 羅的第三座金球獎，完成了對迪斯蒂法諾、碧根鮑華（Beckenbauer）、凱文·基岡（Kevin Keegan）、魯梅尼格（Rummenigge）、羅納度五大巨星的超越，追平了克魯伊夫（Cruyff）、普拉蒂尼（Platini）、范巴斯滕（Van Basten）的紀錄，而在他前面，就只有四奪金球獎的梅西了。

登上領獎臺，C 羅深吸幾口氣，開始發表獲獎感言。

他感謝了安切洛蒂、拉莫斯等皇馬將帥，還提到了梅西。「我從來沒有想過能夠贏得三個金球獎，但我還不滿足，我想要趕上梅西，這只能透過努力去實現。不過我對此並不迷戀，金球獎很好，但更重要的是，這是我繼續獲得集體榮譽的動力。」

這番話的背後，更多的不是你爭我奪，而是惺惺相惜。在之前的記者會上，C 羅半開玩笑地說，希望能和梅西、諾伊爾做隊友。梅西也做出友善的回應：「我知道很難，但和 C 羅當隊

友，一定是一件很有意思的事情。C 羅所做的一切是不可思議的，他掌握了一個偉大的賽季。」

發言結束時，他雙拳緊握，突然對著話筒大吼一聲。觀眾席上的安切洛蒂禁不住笑了，因為每次進球之後，C 羅都會這麼做。而在未來，皇馬要是想成功衛冕歐冠，甚至拿到更多的冠軍，就需要 C 羅發出更多這樣的吼聲。

「更多的冠軍」中的第一個，就是 2014 年 12 月的世冠盃。皇馬在世冠盃半決賽中 4 比 0 大勝墨西哥藍十字，決賽中又以 2 比 0 擊敗阿根廷球隊聖洛倫素，輕鬆捧盃。C 羅沒有進球，但送出兩次助攻，繼 2008 年之後，第二次成為「世界之王」。

不過在 8 月舉行的西班牙超級盃上，皇馬再戰馬競，兩回合 1 平 1 負，被對手復仇成功，丟掉了新賽季的第一項冠軍。剛踢完世界盃的 C 羅，一場首發，一場替補，各踢了 45 分鐘比賽，並未竭盡全力。

而在他獲得金球獎的前後幾天，安切洛蒂的球隊又在國王盃第 5 輪中被「床單軍團」淘汰出局，於是，在新年的第一個月過後，就只剩下西甲和歐冠兩個冠軍可以爭奪了。

聯賽裡，皇馬的開局倒是極佳，而這主要歸功於狀態極佳的 C 羅。他竟然連續 11 輪比賽都有進球，打破了個人紀錄！其中，包括一場大四喜、兩場帽子戲法、兩場梅開二度，一共打入 20 球。「暫停」一輪之後，C 羅又連續 3 輪破門，完成一次帽

子戲法，前 15 輪聯賽就斬獲 26 球——多麼瘋狂的數字！

然而，正所謂「球場得意，情場失意」。與一年前不同，C羅的俄羅斯模特女友伊莉‧沙伊克並沒有出現在金球獎的頒獎典禮上，這讓人嗅到一絲不同尋常的味道。

果然，在那之後不久，C羅就宣布兩人分手了。

顯然，失戀給他造成了情感上的沉重傷痛、情緒上的巨大失落。

1 月 24 日，皇馬做客挑戰科爾多巴，在對方球迷的惡意辱罵之下，C羅失控了！他踢了對方球員艾迪馬爾一腳，並給了對方一巴掌，又與其他球員發生衝突，結果被紅牌罰下。不過很快，他就冷靜了下來，向艾迪馬爾公開道歉。

半個月之後，好不容易等到C羅結束停賽復出，皇馬卻再遭重創，在西甲同城德比中 0 比 4 慘敗於「馬競」，這是自 2010 年 11 月國家德比 0 比 5 慘案之後，「銀河戰艦」輸過的最慘一戰！賽後，雖然他們還排在西甲積分榜第一，但是領先巴薩的優勢只剩下 1 分了。

而C羅的另一個舉動，更是引起了軒然大波！

比賽結束後不久，他就在馬德里的一家豪華飯店裡舉辦了 30 周歲的生日派對，這一訊息被洩露出來之後，引發了皇馬世界的劇烈震動，激起「美凌格」的強烈不滿。

要知道，雖然本賽季加盟皇馬的哈梅斯‧羅德里奎茲

（James Rodríguez）出現在派對當中，但是，弗洛倫蒂諾、安切洛蒂、拉莫斯、卡西利亞斯等皇馬俱樂部的主要成員，都沒有參加。

是的，2015 年 2 月 5 日，C 羅 30 歲了。這個年齡，通常是一名職業球員的最巔峰時期，同時，也意味著他要開始走下坡路了。C 羅當然不是普通球員，但他也是人，看起來無法違抗自然規律。

很多悲觀者已經做出預言：C 羅快不行了。年齡和傷病是一方面，更主要的原因是，梅西比他小兩歲，卻得到了兩位世界級球星的鼎力相助，這兩人甚至被認為比本澤馬、貝爾都要出色。所以，往後幾年，C 羅很大機率都要被梅西壓制，拿不到冠軍了。

對此，C 羅輕蔑地一笑：**走著瞧。**

第五章　再冠

第六章　榮光

「我快要死了，兩條腿都走不動了。」罰球大戰之前，C羅難得地向隊友們訴苦。經過一個賽季的奔波，經過120分鐘的苦戰，他幾乎到了油盡燈枯的地步。但轉過頭去，他就朝席丹說道：「我來罰第五顆球，我會打入致勝球的。」說到，做到。

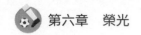
第六章　榮光

生平僅遇此勁敵

梅西的搭檔之一，是巴西前鋒內馬爾。

內馬爾和 C 羅同一天生日，都是 2 月 5 日，只不過內馬爾出生於 1992 年，比 C 羅整整年輕了 7 歲。他從巴西豪門桑托斯出道，年少成名、天賦異稟，很早就被視為貝利的未來接班人，只從腳下技術的華麗程度來看，梅西和 C 羅恐怕都得甘拜下風。

這樣的足球天才，自然受到歐洲豪門的猛烈追求，而皇馬和巴薩，就是最主要的競爭對手。最終巴薩得手。2013 年 6 月，內馬爾加盟巴薩，轉會費超過 8,000 萬歐元。四個月之後，他在自己的第一場國家德比中就破門得分，幫助巴薩 2 比 1 戰勝皇馬，成為梅西的得力助手。

另一位搭檔，是烏拉圭前鋒路易斯·蘇亞雷斯 (Luis Suárez)。

蘇亞雷斯出生於 1987 年 1 月 24 日，與梅西同年，但早生了一點。在阿賈克斯，蘇亞雷斯逐漸打響名頭，2009-2010 賽季打入 35 顆聯賽進球，榮膺歐洲金靴獎，一舉吸引到歐洲豪門的目光。

2011 年冬季轉會期，他轉投英超，以 2,650 萬歐元的轉會費加盟利物浦。在安菲爾德球場，蘇亞雷斯真正進化為「蘇神」。2013-2014 賽季，蘇亞雷斯一人獨進 31 球，榮獲英超金

靴，險些為「紅軍」奪得隊史首個英超冠軍。

2014 年世界盃，蘇亞雷斯惡習不改，再次咬人，被國際足聯禁賽 4 個月。不過，巴薩不改初衷，依然對他青睞有加。於是，烏拉圭射手以 8,100 萬歐元的高價登陸諾坎普球場，直到 10 月 25 日才完成紅藍生涯的處女秀，而對手，正是皇馬！

那場國家德比，蘇亞雷斯首發亮相，結果開場 4 分鐘，就助攻內馬爾閃電破門。雖然 C 羅罰球扳平比分，佩佩和本澤馬先後破門，最終為皇馬帶來 3 比 1 的逆轉。但是，巴薩依然收穫巨大：梅西（Messi），蘇亞雷斯（Suárez），內馬爾（Neymar）──「MSN 組合」正式誕生，與皇馬的「BBC 組合」分庭抗禮。

2015 年 3 月 22 日，西甲國家德比的次回合較量，在諾坎普球場打響。巴薩主帥路易斯・恩里克（Luis Enrique）祭出「MSN」，安切洛蒂則以「BBC」應戰，針尖對麥芒，配得上「世紀大戰」之名。

梅西為巴薩首開紀錄：左路任意球傳中，法國中衛馬蒂厄（Mathieu）擺脫拉莫斯，小禁區前衝頂破門。第 31 分鐘，C 羅為皇馬扳平比分，這是他在國家德比攻進的第 15 球，從而超越普斯卡什、亨托和塞薩爾，追平勞爾，並列歷史第三。

可惜，皇馬最後還是輸了。第 56 分鐘，阿爾維斯後場右路送出長傳，蘇亞雷斯突入禁區右側，斜射遠角破門，為巴薩鎖

定 2 比 1 的勝局！「MSN」也第一次擊敗了「BBC」。

此戰過後，安切洛蒂的球隊已經落後死敵 4 分，奪冠形勢不妙。最後 10 輪，他們全力衝刺，在聯賽豪取 9 勝 1 平的不敗戰績，只丟了 2 分。9 比 1 血洗格拉納達一戰，C 羅甚至狂進 5 球，創下職業生涯的第一次！

可是，巴薩實在是太穩定了，完全沒有掉鏈子，不給皇馬任何機會：最後 10 輪 8 勝 2 平，同樣保持不敗，只丟了 4 分，成功保住領先優勢。最終，92 比 94，堅持努力到了最後一刻，「銀河戰艦」還是以兩分的微弱劣勢，痛失西甲冠軍。

這代表著一個「四大皆空」賽季的到來，因為在此之前，皇馬已經確定無緣衛冕歐冠了！

小組賽階段，他們踢得順風順水，面對利物浦、巴塞爾、盧多戈雷茨，6 戰全勝，昂首挺進淘汰賽。C 羅的狀態也非常出色，貢獻了 5 顆進球。

最後一輪 4 比 0 大勝盧多戈雷茨的罰球破門，更具有極其重大的意義，因為這是他在歐冠正賽攻進的第 72 球，超越了 71 球的「前歷史第一射手」勞爾！

2007 年 4 月 10 日，C 羅斬獲歐冠正賽第 1 球。2,800 天之後的 2014 年 12 月 9 日，第 72 球誕生。這 7 年零 8 個月的時間裡，有輝煌、有谷底、有淚水、有心酸，個中滋味，只有 C 羅一個人知道。

　　八分之一決賽，皇馬首回合做客德國，2 比 0 擊敗沙爾克 04，C 羅首開紀錄。次回合，伯納烏球場上演了一場進球大戰，「皇家藍」竟然斬獲 4 球！所幸，C 羅頭球梅開二度，本澤馬打入關鍵進球，還是令「銀河戰艦」有驚無險地闖入歐冠八強。

　　不過，主場球迷的噓聲，還是令 C 羅感到難堪和不滿。不只是他，就連從來都是皇馬自己人的「聖卡西（Casillas）」，都沒逃過「美凌格」的噓聲。

　　這就是皇馬，支持者的要求非常嚴苛：不僅要贏球、要奪冠，還要踢得漂亮。穆里尼奧贏得不體面，都要挨噓，更何況是輸掉比賽？剛剛問鼎歐冠不到一年又如何？皇馬不應該躺在過往的功績上，應該永遠追求下一個冠軍！

　　但是，C 羅為自己、為隊友抱不平，認為所有努力都被無視了。所以，比賽結束後，他語出驚人：「你們什麼也別問，在賽季結束前，我什麼都不會說的。」媒體記者頓時啞然，面面相覷，足壇第一巨星選擇了沉默，他們以後還有什麼新聞可寫呢？

　　四分之一決賽，皇馬本賽季第七次遇到馬競。前六次，他們一場未勝，只獲得兩場平局。但到了歐冠賽場，安切洛蒂的球隊再次證明誰才是馬德里的真正老大。

　　首回合做客卡爾德隆球場，皇馬雖然依舊沒贏，但 0 比 0 的平分，至少讓他們占據了晉級的優勢。次回合回到伯納烏，C

羅連續製造威脅，任意球射門和單刀推射，卻都被對方門將奧布拉克（Oblak）撲出。

阿爾達·圖蘭的染紅與離場，讓比賽的天平朝著主隊這邊傾斜。最終，還是 C 羅在第 88 分鐘決定了比賽：他禁區右側帶球內切後及時橫敲，「小豌豆」埃爾南德斯（Hernández）掃射空門得手，1 比 0！兩回合的唯一進球，足以確保「銀河戰艦」闖入歐冠半決賽。

2015 年 5 月 5 日，皇馬對決尤文圖斯。一年前的歐冠小組賽，兩隊有過兩次交鋒，C 羅主場梅開二度，客場一傳一射，堪稱「斑馬軍團」的剋星。此番做客尤文競技場，他能再次攻破未來東家的城門嗎？

比賽第 8 分鐘，C 羅的曼聯前隊友特維斯禁區右側一腳低射，被卡西利亞斯單掌撲出，皇馬舊將莫拉塔後點左腳推射破門，為尤文圖斯取得領先。

第 27 分鐘，C 羅用代表性的進球方式扳平比分：哈梅斯·羅德里奎茲禁區右側挑傳，他小禁區內頭球衝頂破門，打入了歐冠正賽的第 76 球。

然而第 56 分鐘，尤文圖斯發動快速反擊，皇馬右後衛卡瓦哈爾（Carvajal）在禁區內絆倒特維斯，當值主裁阿特金森判罰球，阿根廷前鋒罰球勁射破門，將比分鎖定為 2 比 1。

此後，C 羅和隊友們再也無力改寫比分，只能無奈地吞下

首回合告負的苦果。

值得一提的是，尤文圖斯此戰的首發陣容裡，布馮（Buffon）、博努奇（Bonucci）、基耶利尼（Chiellini）、莫拉塔（Morata）都在未來成為 C 羅的隊友，而皮爾洛（Pirlo）則直接成為 C 羅的主教練。

8 天後的次回合生死戰，手握一個客場進球的皇馬，只要在伯納烏球場取得 1 比 0 小勝，就能逆轉晉級決賽。但是，如果尤文圖斯打入 1 球的話，他們就得進 3 個球。

比賽第 23 分鐘，基耶利尼禁區內踢倒哈梅斯‧羅德里奎茲，C 羅罰球命中，皇馬真的 1 比 0 領先了！

可惜的是，尤文圖斯也真的打進了 1 球：第 57 分鐘，比達爾（Vidal）挑傳，博格巴（Pogba）以頭傳球，莫拉塔禁區中路停球抽射破門。

1 比 1，兩回合 2 比 3，「銀河戰艦」就此止步，無緣歐冠決賽，徹底宣告衛冕失敗！

不過從個人角度來說，C 羅的表現無愧這身白色戰袍：他本賽季的歐冠進球數定格為 10，再次上雙，歐冠正賽總進球數則達到 77 球，均追平梅西，並列歷史第一！

等會！C 羅之前不是已經超越了「前歷史第一射手」勞爾嗎？怎麼第一射手又變成梅西了？

因為梅西也在進球。早在 2014 年 11 月 25 日的歐冠小組賽

第 5 輪，他就上演帽子戲法，以 74 顆進球，完成了對勞爾的超越，登頂歐冠歷史射手榜。

最後一輪對陣巴黎聖日耳曼，梅西再進 1 球。雖然八分之一決賽面對曼城、四分之一決賽再戰巴黎，他都空手而歸，但巴薩 4 戰全勝，因為蘇亞雷斯斬獲 4 球，內馬爾貢獻 3 球，極大減輕了阿根廷球星的負擔。

半決賽大戰拜仁，梅西終於打破進球荒，一人取得 2 球 1 助攻，歐冠總進球數來到了 77 球，帶領巴薩首回合 3 比 0 完勝。次回合，「紅藍軍團」雖然 2 比 3 告負，但蘇亞雷斯助攻梅開二度，且兩次助攻都送給內馬爾，M 和 N 雙劍合璧，還是讓德甲「南大王」打道回府。

2015 年 6 月 6 日，德國柏林奧林匹克體育場。已經奪得西甲和國王盃冠軍的巴薩，3 比 1 擊敗已經問鼎義甲冠軍的尤文圖斯。阿萊格里率領的「老婦人」成熟穩定，正值巔峰，但還是敗給了巴薩的天賦。

梅西沒有進球。不過比賽第 69 分鐘，正是他反擊中的遠射，造成了布馮脫手，蘇亞雷斯補射破門。

從「夢三」到「夢四」，巴薩迎來中興，成為歷史上第一支兩次成就單賽季三冠王偉業的球隊！而這兩次三冠王，梅西都是當家球星，這是他第四次奪得歐冠冠軍，將與 C 羅之間的差距，重新拉大到了兩冠。

帥位動盪山河搖

穆里尼奧拿到了西甲冠軍，但沒有拿到歐冠冠軍，所以他被解僱了。安切洛蒂拿到了歐冠冠軍，是第 10 冠的主要締造者之一，但他沒有能夠衛冕成功，所以，也難逃弗洛倫蒂諾手中無情的「屠刀」。

其實，雖然賽季四大皆空，皇馬畢竟還是取得過 22 連勝的佳績，捧起了世冠盃冠軍，闖入了歐冠半決賽，並沒有那麼失敗和不可接受。而且安切洛蒂贏得了球員們的支持，尤其是 C 羅。他在社交媒體上公開發聲，稱讚安切洛蒂是一個偉大的教練、偉大的人，希望下賽季能繼續合作，但這無法改變「老佛爺」的心意。

此時，弗洛倫蒂諾已經選擇西班牙人拉斐爾·貝尼特斯（Rafael Benitez）。與安切洛蒂相同的是，貝尼特斯也是當世名帥，執教過多家歐洲豪門，也有過問鼎歐冠的輝煌經歷，尤其是 2005 年的伊斯坦堡奇蹟，更是他平生的得意之作。

更何況，貝尼特斯還有皇馬的 DNA，球員時代曾為皇馬青年隊踢球，後來執教過 B 隊，一直以來，都以擔任「銀河戰艦」的主教練為自己的畢生理想。利物浦名宿卡拉格（Carragher）就說過：「貝尼特斯在利物浦執教時，隔三岔五就會說皇馬給他開了合約。他真的很想很想成為皇馬的主帥。」

　　與安切洛蒂不同的是，貝尼特斯絕對不是一個「老好人」。他完全痴迷於足球，追求完美主義，對人非常嚴厲，要求極其嚴格，不太懂也不願意懂人情世故。如何與巨星相處，讓他們為自己賣命？這一直都是「貝大帥」執教生涯遇到的最大難題。

　　在瓦倫西亞，貝尼特斯雖然奪得西甲冠軍，但還是與俱樂部高層鬧翻，說出了那句「我想要沙發，他們卻給了我檯燈。」的經典名言。

　　在利物浦，傑拉德是一隊之長，是伊斯坦堡奇蹟的主要功臣，但他親承，自己與貝尼特斯關係冷淡，自從後者離開之後，就再也沒有說過話；西班牙邊鋒列拉（Riera）更曾公開質疑他的訓練方式。

　　在國際米蘭，他炮轟俱樂部主席莫拉蒂過分干涉球隊，薩內蒂、馬特拉齊、迪亞哥・米利托等穆里尼奧時代的主力核心，都曾公開回嗆過；在切爾西，他和更衣室領袖特里、蘭帕德鬧了矛盾，還惹惱了老闆阿布拉莫維奇；在那不勒斯，主力前鋒伊瓜因和卡列洪（Callejón），也對他感到非常不滿。

　　那麼來到巨星雲集的皇馬，貝尼特斯能控得住場嗎？其實，弗洛倫蒂諾聘請他來的真正目的，不是為了掌控更衣室，而是為了打壓 C 羅，扶植貝爾。

　　早在 2015 年 3 月，這位皇馬主席就公開剖白自己的心意：「貝爾永遠都不會離開皇馬，我們也不會聽取任何關於他的報

價。貝爾是一名關鍵球員，為皇馬做出了很多貢獻，絕對可以被視為皇馬的未來支柱，就像我無法想像皇馬沒有 C 羅一樣，我也肯定無法想像皇馬沒有貝爾。」

他說這話時，貝爾的表現非常糟糕，已經遭遇 9 場進球荒，正飽受媒體的批評，主力位置不保。安切洛蒂也不願意把他放到中路，讓他去搶占 C 羅的地盤。在這樣的關頭，「老佛爺」出面發言力挺，重點當然不是「不能沒有 C 羅」，而是「不能沒有貝爾」，指明貝爾才是皇馬的未來，C 羅不是。

在弗洛倫蒂諾的指示下，貝尼特斯決定樹立貝爾為核心。剛一上任，他就跑到威爾斯代表隊，去和貝爾促膝長談。2015-2016 賽季開始後，「大聖」果然出現在了他最想要的中路位置，要麼踢前腰，要麼踢前鋒。而在貝帥的口中，C 羅變得和貝爾、本澤馬、哈梅斯・羅德里格斯等隊友一樣，只是「世界最佳球員之一」。

對此，C 羅相當不滿。

他當然有理由也有資格不滿，因為他是皇馬的頭號球星、歐冠第一射手、稱霸西甲和歐冠的最大功臣，現在卻要讓出自己的核心位置，憑什麼？

所以從一開始合作，這對將帥之間就產生了巨大的裂痕，而以兩人都非常強硬的性格，誰都不會妥協，裂痕只會越來越大。

讓 C 羅不滿的，還有貝尼特斯的訓練方式。曾有傳聞稱，貝尼特斯當面教導過 C 羅如何射門和主罰任意球，這讓 C 羅感到被羞辱。但之後，「貝帥」親口否認過。

另一個傳聞，是說貝尼特斯曾經送給 C 羅一個隨身碟，指導他如何跑位，C 羅氣憤地回擊：「我也送他一個隨身碟，裡面有我的進球集錦。」意思很明顯：你算哪根蔥？你沒資格教我！

事實證明，貝尼特斯和弗洛倫蒂諾都失策了。貝爾確實有實力，在新賽季開局的表現也確實不錯，甚至還奉獻過助攻帽子戲法，一度給他們找回面子。但隨即他就遭遇到傷病的困擾。傷癒復出之後，「大聖」重新找回狀態：對陣巴列卡諾上演大四喜，面對拉科魯尼亞完成帽子戲法，然後，他又傷了。

所以，不管被動還是主動，皇馬終究還是得以 C 羅為核心。

雖然與貝尼特斯不和，但 2015 年 9 月 12 日，C 羅還是如天神下凡般上演巴掌戲法，並送出 1 次助攻，一人獨造全部 6 球，率領皇馬 6 比 0 打爆西班牙人！

3 天之後的歐冠小組賽首輪，皇馬面對頓內茨克礦工，C 羅又是獨中三元，以 80 顆進球，超越 77 球的梅西，成為歐冠的歷史第一射手！

小組賽第二輪，面對瑞典球隊馬爾摩，C 羅接著梅開二度，前兩輪就打進 5 球；對陣巴黎聖日耳曼的兩場較量，他暫時停止了進球的腳步。但最後兩輪比賽，再戰馬爾摩和礦工，他一

場雙響、一場四喜，兩場狂轟 6 球，6 場血虐 11 球，讓人目瞪口呆，嘆為觀止。

至此，C 羅的歐冠總進球數已經達到 88 球，而梅西在歐冠小組賽裡只進了 3 球，歐冠總進球數是 80 球 —— C 羅反超 8 球。

不過有一說一，C 羅的表現有些開高走低。在聯賽裡，他經常只能在中下游球隊身上進球，到了強強對決，卻顆粒無收。尤其是 12 月 15 日的國家德比，梅西都不用首發，蘇亞雷斯和內馬爾兩個人就大鬧伯納烏，讓「BBC」相形見絀，巴薩也豪取 4 比 0 大捷，差點就複製了 5 比 0 慘案。

折騰半天，重樹核心，卻把「BBC 組合」徹底搞砸，這是貝特尼斯的一大罪狀。不只 C 羅，他還把拉莫斯、本澤馬、馬塞洛等核心球員都得罪了一遍，破壞更衣室團結，又是一大罪狀；國王盃違規派出切里舍夫（Cheryshev），被判提前出局，更是鬧出天大的笑話。再加上糟糕的戰績，「貝大帥」已經到了過街老鼠的地步，「美凌格」用腳表態，拒絕去現場看球，又導致伯納烏的票房紀錄下降，就連「老佛爺」也跟著被球迷罵。

一連串惡性的連鎖反應，是可忍，孰不可忍？於是，2016年 1 月 5 日，皇馬官方宣布，貝尼特斯下車！

在公開記者會上，弗洛倫蒂諾擲地有聲地說道：「我們已經結束了貝尼特斯的合約，任命席丹為皇馬的新教練。我們感謝貝尼特斯最近幾個月的工作。席丹是史上最傳奇的球星之一，

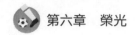

2014 年以助教的身分幫助皇馬贏得第 10 冠。他已經為這個位置
準備好了。從現在起，席丹，你就是皇馬的主教練！」

玄宗不出蒼生何

　　席內丁・席丹（Zinedine Zidane），足球歷史上球王級別的偉
大人物，相信這個評價，應該沒有多少球迷會反對，甚至可以
這麼說：他是 C 羅、梅西之前，世界足壇的上一位「第一人」！

　　席丹的職業生涯奪得過 1 次歐洲冠軍聯賽冠軍、2 次義大利
足球甲級聯賽冠軍、1 次西班牙足球甲級聯賽冠軍等 11 座冠軍
獎盃，個人榮膺 3 次國際足聯世界足球先生（1998 年、2000 年、
2003 年）和 1 次歐洲金球獎（1998 年），是足壇大滿貫球員之
一。國家隊方面席丹代表法國國家男子足球隊參加過 1998 年、
2002 年、2006 年三屆世界盃以及 1996 年、2000 年、2004 年三
屆歐洲盃，幫助法國隊奪得 1998 年世界盃冠軍和 2000 年歐洲
盃冠軍。

　　2006 年世界盃決賽後，席丹宣布退役。不過，他並沒有離
開皇馬，而是留在伯納烏，轉型為教練。2014 年歐冠決賽，身
為安切洛蒂助理教練的「席祖」，在場邊投入地「越權」指揮比
賽，遭到安帥「嫌棄」的眼神，這非常有趣的一幕，透過社群媒
體傳遍全球。

令人沒有想到的是，在安切洛蒂和貝尼特斯相繼下課後，席丹竟然真的成為皇馬的主教練！此時的他，絲毫沒有任何一線隊獨立執教的經驗，是一個十足的「菜鳥」，對於弗洛倫蒂諾來說，這無疑是一次巨大的冒險，甚至稱得上豪賭。

不過，席丹有一項穆里尼奧、安切洛蒂、貝尼特斯都沒有的巨大優勢：很多皇馬球員，都是看著他踢球長大的，視他為偶像。

C羅承認：「席丹還踢球時，就是我的偶像。現在成了教練，我依然崇拜他，特別佩服他指導球員的方式、與球員們相處的方式。我們更受重視，感受到他的溫暖。」

席丹充滿人格魅力，威望和情商都極高，而且深諳頂級球員的心理，能夠迅速贏得手下們的完全信任，能夠穩穩掌控住更衣室，不會重蹈穆里尼奧和貝尼特斯的覆轍。

當然，論執教經驗，「席祖」完全比不上這兩位拿過歐冠冠軍的名帥，但他的執教天賦和學習領悟能力，實在驚人。球迷們愛稱他「席玄宗」，說他贏球就靠玄學。其實不然，玄學的真正奧義，是他打造出了一支攻守更加平衡的球隊，而這集中展現在對巴西後腰卡斯米路（Casemiro）的提拔和重用上。

席丹執教後的首場國家德比，就大膽重用這個年輕人。卡塞米羅也是天生強心臟，毫無畏懼，在大場面中應對自如，很好限制住了梅西的發揮。而本澤馬和C羅的進球，最終幫助皇

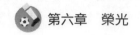

馬 2 比 1 完成逆轉，報了聯賽首回合 0 比 4 慘敗之仇。

在席丹的帶領下，皇馬最後 12 輪聯賽竟然全勝，還製造過 7 比 1 塞爾塔、5 比 1 赫塔費這樣的慘況。可惜的是，倒數第 13 輪 0 比 1 負於「馬競」，還是讓他們倒在了最後一刻：積累 90 分，以 1 分之差不敵巴薩，屈居西甲亞軍！不過，相比於「貝大帥」退位時排名第三、落後第二名「馬競」4 分的成績，這已經是非常明顯的進步了。

在歐冠賽場上，皇馬以兩個 2 比 0 輕鬆淘汰義甲勁旅羅馬，C 羅兩場比賽各進 1 球，成為晉級八強的最大功臣。而真正的考驗，出現在了四分之一決賽：面對德甲球隊狼堡，「銀河戰艦」首回合竟然 0 比 2 告負，爆出驚天大冷門！

絕境之下，所有人都以為皇馬要完了。我們幾乎可以聽到狼堡球員和皇馬死敵們的笑聲，然而，這笑聲卻在最高亢的時候戛然而止，因為 C 羅爆發了。

投之亡地然後存，陷之死地然後生。

次回合第 16 分鐘，卡瓦哈爾（Carvajal）右路突破送出橫傳，球打在對方後衛腿上發生變線，C 羅跟進右腳推射破門，1 比 2！

僅僅 1 分鐘之後，托尼·克羅斯左側角球傳中，C 羅前點甩頭攻門，將球頂入網窩，2 比 2，總比分扳平！

　　第 77 分鐘，皇馬獲得弧頂任意球機會，C 羅當仁不讓地站在球前，右腳射出弧線球，球打穿人牆，彈地之後飛入球門右下角，3 比 2！皇馬瘋狂大逆轉，殺進四強！

　　這是 C 羅歐冠生涯的第 5 次上演帽子戲法，追平梅西，並列歷史第一；本賽季歐冠，他已經打入 16 球，歷史第二，僅次於 17 球的自己！

　　歐冠半決賽，皇馬的對手是英超豪門曼城。

　　首回合，C 羅大腿拉傷沒有上場，所幸不是肌肉撕裂，問題不大。而失去 C 羅的「銀河戰艦」，頓時變成了無牙的老虎，只從伊蒂哈德球場帶走 0 比 0 的白卷。

　　次回合回到伯納烏，C 羅傷癒復出，在本澤馬因傷缺席的情況下，擔任起中鋒。C 羅一上場，曼城的後防線立刻緊張了起來，而開場第 9 分鐘，孔帕尼（Kompany）就受傷下場，更是令他們處於擔驚受怕、提心吊膽的恐慌當中。

　　有了 C 羅對對手的牽制，貝爾大放異彩：高速殺入禁區右側，一腳射門打在對方後腰費迪南德的身上發生折射，球擊中立柱之後彈入網，打入全場比賽的唯一進球！而進球之後，C 羅與他擁抱慶祝，算是回應了兩人之間的不和傳聞。

　　1 比 0，皇馬以最經濟實惠的方式闖入決賽，而與兩年前一樣，2016 年的歐冠決賽，還是馬德里德比，決賽中的對手，還是扼殺了他們西甲奪冠希望的馬競和迪亞哥・西蒙尼。

黃沙百戰穿金甲

　　米蘭的史卡拉歌劇院，普契尼的《杜蘭朵》在上演。從 18 世紀到現在，這座風華絕代的藝術宮殿，一直都被認為是世界上最好的歌劇院之一，無數著名歌劇，在這裡迎來它的首演；無數大師，在這裡成就一世英名。而位於米蘭市區之外的聖西羅球場，則被譽為「足球界裡的史卡拉」，2016 年 5 月 28 日，這裡上演的劇目，名叫「歐冠決賽」。

　　這出歌劇的主角之一，必定是 C 羅。但和兩年前一樣，他又得拖著一條傷腿出戰了。

　　賽前，他因為大腿受傷，已經缺席四天的訓練課，只能做一些最基本、最簡單的訓練。同時，過度疲勞也在消耗著 C 羅的能量，畢竟，這已經是他本賽季踢的第 53 場比賽，而他已經 31 歲了。

　　所幸，C 羅最終還是站在了「史卡拉歌劇院」的舞臺之上，用他那明亮華美的聲線，為所有觀眾奉獻一曲詠嘆調。

　　皇馬的首發陣容，所有「美凌格」都能背得出來：門將納瓦斯，拉莫斯和佩佩搭檔中衛，馬塞洛和卡瓦哈爾分居左右，莫德里奇、托尼·克羅斯、卡塞米羅組成中場，鋒線則是 C 羅、本澤馬、貝爾。

　　馬競，則依舊是西蒙尼代表性的 442 陣型：門將奧布拉克，

後防線有戈丁、薩維奇、路易斯‧費利佩，胡安法蘭，中場有薩烏爾、加比、奧古斯托‧費爾南德斯、科克，雙前鋒是格列茲曼與費南多‧托雷斯。

兩年之前，拉莫斯在最後時刻為皇馬扳平比分，帶來最終的勝利。兩年之後，「水爺」又在比賽第 15 分鐘，為皇馬首開紀錄：克羅斯左路任意球傳中，貝爾頭球後蹭，他門前包抄將球射入網！雖然有越位嫌疑，但進球被判有效，拉莫斯也因此成為歷史上第一位在兩場歐冠決賽中進球的後衛。

第 46 分鐘，佩佩禁區內絆倒托雷斯，當值主裁克拉滕伯格判罰球，可是，格列茲曼左腳主罰，卻將球擊中橫梁，皇馬逃過一劫。不過第 79 分鐘，馬競還是扳平了比分：胡安法蘭右路反越位成功後送出傳中，替補登場的卡拉斯科小禁區前凌空墊射破門，1 比 1。

常規時間戰罷，馬德里雙雄握手言和，又踢了 30 分鐘，兩隊還是沒有再進球，只能進入殘酷的罰球大戰。

拖著傷腿，受制於對手的鐵血「撕咬」，C羅苦戰 120 分鐘，戰到最後一刻，已經一瘸一拐。

然而，雖然未能像兩年前那樣在加時賽中傳射建功、鎖定冠軍，但是，加時賽一次拼出「老命」的回追，還是成功阻止了馬競的反擊，同時也告訴觀眾們：他有多麼拚命，奪冠的決心有多麼大。

但是他必須留在場上，參加一決生死的 12 碼輪盤賭。2008
年的歐冠決賽，C 羅丟了罰球，一度哭成淚人。但八年之後，他
的心，已經變得堅如磐石。所以，C 羅向席丹主動請纓：「我要
踢致勝的第 5 個罰球。我知道自己能做到，我對此充滿信心！」

第五個主罰，意味著千斤重擔，都壓在了一個人的身上；
全隊的命運，都交給這一個人來定奪；進，有可能拿不了冠軍；
不進，必定會丟掉冠軍。此時此刻，全世界所有球迷的目光，
都會聚焦於他，億萬眼神，灼熱的都能把人「點燃」。

皇馬和馬競的前四罰，全部都進了。第五罰，率先上陣的
胡安法蘭，竟然擊中立柱。所以，比賽的最終結果，真的要由
C 羅來決定了 —— 再偉大的大師，恐怕都寫不出這樣的劇本。

他拿起球，輕輕一吻，放在 12 碼點，助跑，射門，騙過奧
布拉克，命中！

進球之後，C 羅和兩年前一樣，卸下戰袍，將白衣向空中
一甩，赤裸上身，激情慶祝！

瘋狂地慶祝吧，C 羅，這是你應得的。你的第三個歐冠冠
軍，也是皇馬歷史上的第 11 個歐冠冠軍，你又一次征服了「美
凌格」，征服了歐洲，征了全世界。

當然，也征服了弗洛倫蒂諾。這麼說或許更貼切：弗洛倫
蒂諾沒有不與 C 羅續約的理由了。於是，「老佛爺」只能承認：
「我希望 C 羅能永遠留在皇馬效力，在這裡退役，因為他是球隊

的核心球員，已經是皇馬歷史的一部分，還將帶領球隊不斷地
創造新的歷史。他理應獲得金球獎。」

C 羅的回應是：「我看不出有哪家足球俱樂部比皇馬更好。
巴黎聖日耳曼和曼城可以忘掉我了，我將在皇馬退役。我在皇
馬有過糟糕的時刻，四年前我感到很不開心，但現在，我覺得
沒有比這裡更好的地方。」

　　1926 年，《杜蘭朵》在史卡拉大劇場首演，當演奏到普
契尼生前停筆之處時，義大利指揮巨匠托斯卡尼尼（Tosca-
nini）放下了指揮棒，轉身朝向觀眾說道：「歌劇到這裡結束
了：大師去了……」說罷，轉身離開。

　　有生之年，普契尼未能完成《杜蘭朵》，但九十年之後，
在「足球界的史卡拉歌劇院」，C 羅完美地寫下了「歐冠決
賽」的結尾。今夜是否還能入眠？當然不能！不是因為詠嘆
調唱得太悲，而是因為 ——「星星沉落下去，黎明時我將獲
勝，我將獲勝！**我將獲勝！**」

第六章　榮光

第七章　加冕

　　一根手指，兩根手指，三根手指，四根手指，五根手指。
每伸出一根手指，C羅就點一下頭，眼神裡流露出的是驕傲。
從豐收女神廣場開始，皇馬球迷們一路簇擁著他和他的隊友們
前進，直到伯納烏，然後，八萬人的呼聲響徹整座球場：「請留
下！」這是對偶像、對英雄最好的感謝與致敬。

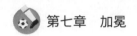

燕然勒石終記功

　　2016 年，可以說是 C 羅職業生涯迄今為止最為輝煌的一年。除了歐冠冠軍之外，他還帶領葡萄牙隊勇奪歐洲盃冠軍！這也是他國家隊生涯的首個大賽冠軍，終於打破了國家隊無冠的魔咒。而他的「一生之敵」梅西，至今尚未帶領阿根廷隊問鼎大賽冠軍——這，是 C 羅勝於梅西的最突出之處。

　　其實，C 羅的第一屆大賽之旅，就差點奪冠。

　　2004 年歐洲盃，年少成名的他不僅收穫了國家隊生涯的處女球，還跟隨路易斯‧菲戈、魯伊‧科斯塔等大哥們一舉殺入決賽，可惜在自己的主場卻輸給了「大黑馬」希臘，痛失冠軍！

　　2006 年世界盃，C 羅在小組賽第二輪與伊朗的比賽中罰球破門，打入了個人在世界盃上的處女球。四分之一決賽，他鬧出「眨眼事件」，引起軒然大波，雖然罰球大戰貢獻絕殺，率領葡萄牙淘汰英格蘭，但還是遭到球迷們的漫天噓聲，最終在半決賽負於席丹領銜的法國隊，無緣決賽。

　　2008 年歐洲盃，C 羅接過菲戈留下的 7 號戰袍，還當上了國家隊的隊長，肩負起更大的重任與使命。不過這屆歐洲盃，他的狀態並不出色，一共只攻進 1 球，葡萄牙也在四分之一決賽 2 比 3 不敵德國，未能闖入四強。

　　2010 年世界盃，C 羅的表現更糟糕：預選賽 0 球，決賽只

有 1 球，葡萄牙 0 比 1 憾負西班牙，16 強就打道回府。

2012 年歐洲盃，C 羅率領葡萄牙殺入了半決賽，再遇「鬥牛士」，伊比利雙雄戰罷加時賽，卻依然難分勝負。罰球大戰中，C 羅原定於第五個主罰，可是還沒輪到他出場，球隊就倒下了。

2014 年 3 月，C 羅在對陣喀麥隆的友誼賽中梅開二度，以 49 球超越保萊塔，成為葡萄牙隊的歷史最佳射手。然而，在三個月後的世界盃上，他遭遇了國家隊生涯的最沉重打擊：0 比 4 慘敗給德國，2 比 2 戰平美國，2 比 1 險勝迦納 —— 3 戰僅 1 勝，因為得失球差的劣勢排名第三，連小組賽都沒出線！這讓剛剛奪得歐冠冠軍的 C 羅蒙受奇恥大辱、淪為笑柄。

2016 年歐洲盃之前，C 羅又拿了歐冠冠軍，這一次，是在國家隊複製俱樂部的輝煌，還是重蹈兩年前的覆轍呢？只有他自己能給出答案。

葡萄牙的前進道路，依然充滿驚險：小組賽三戰皆平，最後一輪對陣匈牙利的生死大戰，又是三次落後，差點就要說再見。

危急關頭，是 C 羅展現領袖風采，貢獻 2 球 1 助攻，三次將比分追平，最終憑藉一己之力，帶領球隊以小組第三的身分驚險晉級！

八分之一決賽，他在加時賽送出關鍵助攻，幫助誇雷斯馬一擊致勝，淘汰了實力強勁的克羅埃西亞。

　　四分之一決賽對陣波蘭，他在罰球大戰中第一個出場，主罰命中穩定軍心，開啟了勝利之門。

　　半決賽面對貝爾領軍的威爾斯，還是他頭球叩關，傳射建功，把「五盾軍團」送入了決賽！

　　葡萄牙與法國的終極大決戰，比賽第 25 分鐘，C 羅就因為膝蓋受傷而被迫離場，那一刻，蝴蝶恰巧落在了他流淚的眼睛上，製造出了足壇最不可思議的瞬間。

　　不過下場之後，C 羅的存在感依然很強，因為他如同一名教練一般，在主帥費爾南多‧桑托斯（Fernando Santos）身邊激動地指揮，那架勢，像極了 2014 年歐冠決賽安切洛蒂身旁的席丹。

　　最終，替補登場的埃德爾（Eder）在加時賽第 109 分鐘轟入絕殺，為葡萄牙帶來了隊史大賽首冠，也成全了 C 羅！但是，C羅的作用與貢獻，絕不應該因為決賽的意外傷退而受到絲毫貶損，因為沒有他，葡萄牙連小組賽都出不了線，更遑論奪冠了。

百球盛宴須盡歡

　　歐冠冠軍，歐洲盃冠軍，C 羅集齊了 2016 年世界足壇最重要的兩座冠軍獎盃。而在 12 月，他又用一個帽子戲法率領皇馬3 比 0 大勝日本球隊鹿島鹿角，毫無懸念地問鼎世冠盃。所以，

這一年的金球獎，舍他其誰？

2016 年 12 月 12 日，《法國足球》雜誌官方宣布，C 羅獲得了 745 分的超高分數，完勝 316 分的梅西，時隔一年，獲得個人的第四座金球獎！

2017 年 1 月 9 日，C 羅再次擊敗梅西，榮獲了國際足聯評選出的「年度最佳球員獎」。這是國際足聯與金球獎「決裂」之後誕生的新獎項，分量等同於之前的「世界足球先生」。自 2008 年之後，C 羅第二次將世界足壇最重要的兩大個人獎項囊括。

在國際足聯的頒獎典禮上，C 羅還正式公開了他的新女友 —— 前服裝店員喬治娜·羅奎茲（Georgina Rodríguez）。兩人帶著代孕而生的大兒子「小 C 羅」一起盛裝出席，代表著 C 羅已經徹底忘掉舊愛，開啟新的感情生活。而喬治娜也確實是 C 羅的「真命天女」，遇到她之後，C 羅收穫了真正的愛情，從此完全收心，再無緋聞，恩愛至今。

此時的 C 羅，正處於職業生涯的最高峰。

在整個 2015-2016 賽季裡，他各項賽事攻入 51 球，連續 6 個賽季進球超過 50 個；歐冠打進 16 球，連續 5 個賽季進球上雙，連續 4 個賽季蟬聯金靴；歐冠正賽的總進球數達到 93 球，距離史上第一位「百球先生」只差 7 顆進球！

但是，對於成績，C 羅從來不會感到滿足；對於冠軍的追求，C 羅也永遠不會止步。所以新賽季，他的目標就是職業生

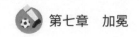

涯首次成功衛冕歐冠！

2016 年夏天，皇馬只引進了一名球員：西班牙中鋒莫拉塔（Morata），從尤文圖斯回歸老東家，但是，他的定位只是鋒線的替補，席丹最可倚仗的球員還是 C 羅。

而弗洛倫蒂諾也只能再次承認，C 羅還是皇馬不可動搖的頭牌。所以在 11 月，雙方完成了續約，按照合約的約定，C 羅將為「銀河戰艦」效力至 2021 年，屆時，他將年滿 36 周歲。所以西班牙媒體才會說：「C 羅將在伯納烏退役。」

因為歐洲盃決賽的受傷，C 羅直到 9 月分才傷癒復出，因此錯過了歐洲超級盃。而復出首戰，他就攻破了奧薩蘇納的城門，斬獲賽季首球。四天之後，他又在歐冠小組賽中打入 1 球，率領皇馬 2 比 1 擊敗了自己的老東家葡萄牙體育。

皇馬看上去也處於無敵狀態。在長達 284 天的時間裡，他們豪取各項賽事的 40 場不敗，打破了巴薩保持的 39 場不敗的西班牙球隊紀錄，直到 2017 年 1 月 15 日，不敗金身才被塞維亞終結。

這裡面就包括本賽季的 6 場歐冠小組賽。面對葡萄牙體育、多特蒙德、波蘭球隊華沙軍團，皇馬取得 3 勝 3 平的成績，算不上非常理想，但足夠以小組第二的身分進入 16 強了。受到傷病影響，C 羅雖然只攻進 2 球，卻為隊友送出 4 次助攻。

而對於席丹的球隊來說，不敗終結只是一個插曲。接下來，他們在聯賽裡又豪取 14 場不敗，拿到驚人的 12 勝 2 平，

只丟了 4 分！在 2017 年 4 月 23 日的國家德比到來前，「銀河戰艦」高居西甲積分榜榜首，領先第二名巴薩 6 分，即便此戰輸球，也依然能夠占據爭冠的主動權。

國家德比之前，皇馬先要在歐冠四分之一決賽中對陣拜仁慕尼黑。

進入 16 強之後，他們輕鬆淘汰了薩里（Sarri）執教的義甲球隊那不勒斯。但八強戰首回合做客慕尼黑，衛冕冠軍還是遭遇到了很大的挑戰。

比賽第 25 分鐘，拜仁就由智利中場比達爾（Joaquín）頭球得手，打破場上僵局。第 45 分鐘，主隊又獲得罰球，若不是比達爾的射門高出橫梁，皇馬就已經兩球落後了。

這給了客隊喘息機會。第 47 分鐘，卡瓦哈爾（Carvajal）右路高速插入後傳中，C 羅在罰球點附近右腳凌空推射入網，扳平比分！他也打破了長達一個月的進球荒。

緊接著，3 分鐘內，C 羅兩次製造西班牙國腳哈維‧馬丁內斯（Javi Martínez）的犯規，導致後者兩黃變一紅，被罰下場，皇馬相較之下多一人作戰！

第 77 分鐘，又是 C 羅，接阿森西奧（Asensio）左路傳中包抄攻門，將球從諾伊爾（Neuer）的兩腿之間送入球網，2 比 1 逆轉！

這是 C 羅本賽季的第 4 顆歐冠進球，更是歐冠正賽的第 97 球，距離百球里程碑，真的越來越近了。

6 天之後的次回合較量，里程碑就到來了！

在貝爾、佩佩、瓦拉內等主力因傷缺席的情況下，在萊萬多夫斯基罰球命中、將總比分扳成 2 比 2 平的危急關頭下，C 羅再一次扮演皇馬的救世主。

比賽第 76 分鐘，卡塞米洛帶球突破後將球吊入禁區，C 羅力壓拉姆，頭槌攻門得手，3 比 2！

然而，僅僅 1 分鐘之後，拉莫斯就不慎自擺烏龍，「幫助」拜仁將總比分扳成 3 比 3 平，只能進入到加時賽。

第 105 分鐘，「水爺」將功補過，將球吊入禁區。C 羅反越位成功，胸部停球，左腳抽射，將球送入諾伊爾把守的城門！總分 4 比 3，皇馬再度領先。

第 109 分鐘，馬塞洛長驅直入殺進禁區，面對單刀機會無私橫傳，C 羅跟上輕鬆推射空門，完成帽子戲法！ 3 分鐘後，阿森西奧再下一城，徹底鎖定勝局。

最終，皇馬以 6 比 3 的總比分驚險淘汰拜仁，挺進歐冠半決賽！這 6 顆進球裡，有 5 個是 C 羅打入的，說他一個人扛著球隊前進，毫不為過！

97+3，C 羅的歐冠正賽總進球數，也來到整整 100 球，成為歐冠史上第一位進球達到三位數的球員 —— 歐冠歷史第一射手，實至名歸。

　　回到西甲，經歷兩場惡戰的皇馬，在國家德比中以 2 比 3 負於巴薩。不過，這並沒有產生太大的影響，因為最後五輪，他們穩紮穩打，取得全勝，最終還是以 3 分優勢，從死敵手中奪回了聯賽冠軍！

　　當然，對於 C 羅、弗洛倫蒂諾、席丹來說，西甲獎盃固然重要，但最重要的還是歐冠。而半決賽，他們竟然又一次遇到了「馬競」，真的是「冤家路窄」。不過這一次，「銀河戰艦」首回合贏得非常輕鬆，因為 C 羅又爆發了。

　　這場比賽，就是他一個人的進球表演，我們不妨抱著愉悅的心情，來好好欣賞一番。

　　比賽開始第 10 分鐘，卡塞米洛禁區右側傳中，C 羅小禁區前躍起，力壓對方後衛，頭球衝頂首開紀錄，斬獲個人歐冠正賽第 101 球！要知道，「馬競」的隊史歐冠總進球數也才 100 球，還不如他一個人多呢。

　　第 73 分鐘，本澤馬禁區前橫敲，費利佩剷斷未果，C 羅機敏地將球一讓，右腳爆射入網！這已經是他在歐冠半決賽斬獲的第 12 球，超越 11 球的皇馬名宿迪斯蒂法諾，升至歷史第一！

　　第 86 分鐘，瓦斯奎茲禁區右側下底倒三角回敲，C 羅中路跟進，停球後右腳掃射破門，上演帽子戲法，3 比 0 ！打完收工。

　　連續兩場歐冠淘汰賽戴帽，C 羅又成為歷史第一人。近三

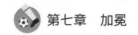

場歐冠淘汰賽，他一共打進 8 球，表現讓人嘆為觀止。

　　雖然皇馬在次回合以 1 比 2 輸球，但是憑藉首回合的巨大優勢，還是以 4 比 2 的總比分淘汰了同城死敵，連續第二年躋身歐冠決賽。

　　由於在國王盃被塞爾塔爆冷門淘汰，皇馬已經確定無緣三冠王偉業了。不過，歐冠兩連冠依然有著極強的誘惑力。因為自從歐冠改制以來，還沒有哪支球隊能夠成功衛冕，哪怕強如夢二、夢三時期的巴薩也沒有做到過。席丹的球隊、C 羅的皇馬，能成為第一支嗎？

碾碎魔咒又折桂

　　坐落於塔夫河畔的威爾斯國家體育場，因為建成於千禧年之前的 1999 年，所以得了這麼一個更為人熟知的名字 —— 千禧球場。這裡還有一個奇特的魔咒：在千禧球場舉行的前 11 場盃賽決賽或者附加賽，一旦抽到客隊身分、使用客隊南更衣室的球隊，最終都輸掉了比賽！直到 2002 年，斯托克城才打破了這一魔咒。

　　15 年後，皇馬出現在千禧球場，成為名義上的客隊，身穿紫色戰袍，使用南更衣室。但是，這裡畢竟是威爾斯人的地盤，而「銀河戰艦」陣中正好有一位來自威爾斯的球星 —— 貝

爾，所以，球場管理方特意將「南更衣室」的標籤，貼在了主隊尤文圖斯的更衣室門外，希望魔咒能降臨到「對手」的身上。

「歡迎來到千禧球場，2017 年的歐冠決賽將於今晚舉行。毫無疑問，C 羅將成為皇馬陣中的重點人物，他們剛剛贏得了 2012 年之後的首個西甲冠軍，而尤文圖斯也贏得了義甲冠軍。」講著西班牙語的電視解說，用抑揚頓挫的語調做著開場。

不知有意還是無意，他提到了 C 羅的名字，卻沒有單獨提及任何一名尤文圖斯球員，這詮釋了決賽的奧祕：個體 VS 集體。

在阿萊格里的調教下，這支「斑馬軍團」擁有極高的戰術素養。而布馮、基耶利尼（Chiellini）、博努奇（Bonucci）、巴爾扎利（Barzagli）組成的義大利國家隊防線，更是堅不可摧，本賽季義甲 38 輪比賽竟然只丟了 27 球！歐冠前 12 場，他們 9 勝 3 平，是唯一一支保持不敗的球隊；僅失 3 球，單場最多丟 1 球；9 場零封對手，這其中就包括讓「MSN」領銜的巴薩兩回合 120 分鐘顆粒無收。

然而，就是這樣一道舉世無雙、史詩等級的鋼鐵防線，卻被 C 羅給生生摧毀了。決賽之前，C 羅就信誓旦旦地說道：「我們要讓全世界知道，誰才是世界最佳！」說到，做到。

比賽第 20 分鐘，C 羅中路分球，卡瓦哈爾右路橫傳，他跟上右腳不停球直接推射，球碰到博努奇稍稍變線，攻破了義大利門神布馮的十指關！

整個過程，C 羅就是在戲耍尤文圖斯整條防線：聰明地無球跑動，完全甩開了基耶利尼的盯防，接球射門時，身邊竟然沒有一名防守球員。尤文圖斯的世界級後衛們都去哪了？這無疑是對對手的最大羞辱。

這一顆進球，也再次創造了歷史：C 羅成為歐冠改制以來，第一位在三屆不同決賽上都有進球的球員！

第 27 分鐘，尤文圖斯的克羅埃西亞前鋒曼祖基奇（Mandžukić）打入一記精彩的倒鉤射門，將比分扳平。但第 61 分鐘，皇馬再次取得領先：克羅斯的左腳推射被桑德羅擋出，卡塞米洛禁區外右腳轟出遠射，球打在赫迪拉身上後彈入網，2 比 1！

3 分鐘之後，C 羅，又見 C 羅。莫德里奇右側底線橫傳，他前點包抄掃射破門，3 比 1！

進球之後，C 羅張開雙臂，肆意慶祝。本賽季的第 12 顆歐冠進球，足以讓他超越 11 球的梅西，連續第六個賽季蟬聯歐冠金靴，同時也成為歐冠歷史上第六位在決賽中梅開二度的球員！

第 90 分鐘，馬塞洛在底線橫傳，阿森西奧（Asensio）中路推射建功，將最終的比分鎖定為 4 比 1。而當德國主裁布里希（Brych）吹響結束哨聲的那一刻，C 羅跪倒在地、緊握雙拳、仰天長嘯！旋即俯身在地，雙手抱頭，激動得難以自已。

　　隊友們跑了過來，把 C 羅高高拋上天空。所有人都在仰視 C 羅，所有球迷都將掌聲獻給了 C 羅，所有鏡頭都將焦點對準 C 羅。席丹說，即便在他那個時代，即便在任何時代，C 羅都是一位超級巨星。

　　在接受採訪時，C 羅握緊雙拳，對著攝影鏡頭大吼一聲，像極了 2015 年獲得金球獎時的慶祝方式。而看臺上的喬治娜和「小 C 羅」也進入球場，與丈夫、父親一起慶祝。C 羅摟住喬治娜，深情一吻，當著全世界的面撒了一波狗糧。

　　毫無懸念，C 羅榮獲了歐冠決賽的最佳球員，給他頒獎的正是恩師弗格森。兩人深深擁抱，C 羅禁不住露出了孩童般的笑容，彷彿一下子回到了 20 歲左右時的青蔥歲月。

　　「這是一場令人印象深刻的決賽。我們的目標是贏得下一次的歐冠冠軍。我們已經做到了衛冕，證明了皇馬是世界上最棒的球隊。感謝球迷從歐冠開始以來對我們的支持。另一座金球？我們拭目以待！」C 羅說道。

　　是的，皇馬奪得了隊史第 12 個歐冠冠軍，也成為歐冠改制以來第一支成功衛冕的球隊。C 羅則完成了歐冠兩連冠 ── 這是梅西未曾做到的，職業生涯第四次捧起大耳聖盃！他的歐冠總進球數，也來到了 105 球，而梅西的歐冠總進球數，是 94 球，還沒達到百球里程碑，已經被 C 羅反超 11 球之多。

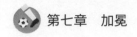

風波難阻殺性起

完成歐冠衛冕大業之後，C 羅又馬不停蹄地開始征服下一個目標 —— 聯合會盃冠軍。然而，這屆賽事還沒開始，他便捲入了更大的風波當中。

根據西班牙檢察官的指控，從 2011 年到 2014 年，C 羅分別涉嫌逃漏稅 140 萬歐元、160 萬歐元、320 萬歐元、850 萬歐元，總計 1,470 萬歐元！若是罪名成立，這 4 次逃漏稅，將會令他分別付出至少一年、兩年、兩年和兩年刑期的代價，刑期累積起來，最高可以判處七年監禁！

不過，如果 C 羅願意繳納罰款的話，他很有可能得到減刑。若能獲得四分之三的減刑，他的刑期將為 21 個月。而按照西班牙法律，初犯刑期在 24 個月以內的，可以透過繳納罰金等方式，避免入獄。

梅西也陷入過逃稅風波。2016 年，巴塞隆納法庭認定，他和他的父親豪爾赫・梅西在 2007 年到 2009 年期間，涉嫌逃稅 410 萬歐元，被判入獄 21 個月，並繳納 370 萬歐元的罰款。由於初犯刑期不滿兩年，而且已經主動繳納稅款，所以，梅西不需要真正地進入監獄服刑。

正在備戰聯合會盃的 C 羅，在接受採訪時做出正面回應：「我對此問心無愧！」堅稱自己是清白的。皇馬官方也表達了對

他的支持：「皇馬俱樂部對 C 羅完全信任，俱樂部相信他已經依法履行了納稅義務。自從 2009 年加盟皇馬以來，C 羅始終表現出自願納稅的態度。皇馬俱樂部相信，C 羅會在案件的審理中證明自己的清白，俱樂部希望相關部門盡快採取行動，以證明C 羅的清白。」

然而，這樁「醜聞」卻一直糾纏著他不放。2018 年 6 月，世界盃小組賽葡萄牙與西班牙一戰之前，西班牙法庭突然宣布，C 羅因為涉嫌逃漏稅被判處兩年監禁，並處 1,800 萬歐元罰款。而直到 2019 年 1 月 22 日，這樁案件才算是真正了結：C 羅出席庭審，接受了 1,880 萬歐元的罰款，以及 23 個月的緩刑，無須入獄。

受到這起風波的影響，葡萄牙雖然闖入 2017 年聯合會盃的半決賽，卻在罰球大戰中不敵智利，無緣爭奪最終的冠軍。不過，即便進入決賽，C 羅恐怕也沒心思踢球了，因為他喜獲一對龍鳳胎，因此缺席了三四名決賽。

與大兒子「小 C 羅」一樣，二兒子馬特奧和大女兒伊娃，也是 C 羅透過一位代孕媽媽完成的生產，他們的母親究竟是誰？這至今仍然是一個謎。同年 11 月，他的第四個孩子又降生了，這是 C 羅與喬治娜所生，取名瑪蒂娜。

嬌妻美眷，兒女成群，C 羅的家庭生活如此幸福，羨煞旁人。而有了如此堅強的後盾，他可以全身心地投入全新的征程當中了。

　　不過，正所謂「禍不單行」，2017-2018 賽季剛開始，C 羅又遭遇到當頭一棒。

　　西班牙超級盃對陣巴薩的首回合比賽，C 羅雖然打入 1 球，但在第 82 分鐘被主裁布林格斯認定假摔，吃到本場比賽的第二張黃牌，兩黃變一紅，被罰下場！他非常氣憤，失去理智地推了布林格斯一把，而這個出格的動作，也被後者寫進了賽後的裁判報告裡。

　　依據規則，推搡、拉扯裁判，將被判 4 到 12 場禁賽的重罰！最終，西班牙足協紀律委員會算是網開一面，對 C 羅做出了追加 4 場停賽的最低處罰。這樣一來，他不僅將缺席西超盃的次回合較量，還將無緣新賽季的西甲前 4 輪比賽。

　　所幸，禁賽並不涉及歐冠賽場。於是，C 羅將怒氣盡情宣洩到了歐冠小組賽。

　　欲要再次衛冕冠軍的皇馬，與多特蒙德、托特納姆熱刺、阿波爾同分在一組。6 場比賽，C 羅竟然場場都有進球，其中包括 3 場梅開二度，一共打進 9 球，率領「銀河戰艦」成功地從死亡小組中突圍而出。

　　八分之一決賽，皇馬遇到了巴黎聖日耳曼。此時，內馬爾已經離開巴薩，以 2.22 億歐元的天價加盟巴黎聖日耳曼，與姆巴佩（Mbappé）、卡瓦尼（Cavani）組成了同樣實力強大的鋒線三叉戟。但是，C 羅給內馬爾以及自己的「小迷弟」姆巴佩好好

地上了兩堂課。

首回合比賽，在伯納烏球場進行。第 33 分鐘，巴黎聖日耳曼先聲奪人：姆巴佩右路突破馬塞洛之後送出傳中，卡瓦尼前點一漏，納喬（Nacho）中路劑斷內馬爾，但法國中場拉比奧（Rabiot）在禁區內跟上右腳以弧線球破門，0 比 1 ！皇馬率先落後。

第 44 分鐘，阿根廷中場洛塞爾索（Lo Celso）禁區內拉倒托尼·克羅斯（Toni Kroos），當值主裁羅基果斷判罰球，C 羅將皮球罰向球門的左下角，對方門將阿雷奧拉（Areola）雖然判斷對了方向，無奈射門角度太過刁鑽，只能望球興嘆，1 比 1 ！

第 83 分鐘，阿森西奧禁區左路下底傳中，球擊中穆尼爾（Meunier）後發生折射，阿雷奧拉將球撲出，誰料 C 羅已經如鬼魅般殺到，球正好被他撞入網，2 比 1 ！皇馬逆轉了。

僅僅 3 分鐘之後，阿森西奧助攻馬塞洛破門，將最終的比分鎖定為 3 比 1。

梅開二度！C 羅本賽季的歐冠進球數已經來到 11 球，但這還沒有結束。

次回合做客巴黎王子公園球場，他又在第 51 分鐘打破僵局：瓦斯奎茲（Vázquez）禁區左側傳中，C 羅後點頭球衝頂人網，徹底扼殺了法甲豪門翻盤的希望！

這樣一來，賽季的前 8 場歐冠，C 羅場場破門得分，創造

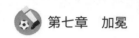

了歐冠新紀錄！跨賽季，他則是連續 9 場歐冠都有進球，追平了曼聯前隊友范尼斯特魯伊保持的歷史紀錄，而這一紀錄將在下一場被他打破。

四分之一決賽，「銀河戰艦」再遇上賽季的決賽對手尤文圖斯，C 羅也再次成為「老婦人」的夢魘。

首回合在杜林開戰。開場僅 3 分鐘，伊斯科禁區左側突破橫傳門前，C 羅中路右腳閃電般破門！

而最令人震撼的一幕，發生在比賽第 64 分鐘：

基耶利尼解圍失誤，C 羅禁區左側底線倒三角傳球，瓦斯奎茲推射被布馮封出；卡瓦哈爾右路傳中，禁區中路的 C 羅後退幾步，背對球門，倏地騰空而起，在空中將身體開啟再摺疊，右腳倒掛金鉤，球應聲入網！看得布馮目瞪口呆。

一出補天鱗，霸氣世無雙！

這「補天一鉤」，竟然是 C 羅職業生涯的第一次倒鉤破門。而跨賽季歐冠十連殺，他也將新的紀錄收歸囊中，歐冠正賽的總進球數攀升至 119 球！

第 72 分鐘，C 羅在禁區中路巧妙直傳，馬塞洛心領神會加入攻勢，繞過出擊的布馮之後，搶在補防的桑德羅之前推射入網，3 比 0！皇馬大捷。

2 球 1 助攻，C 羅一個人參與全部 3 顆進球，又一次以一己

之力摧毀了義甲豪門。饒是基耶利尼乃世界足壇最優秀的後衛之一，布馮乃世界足壇最優秀的門將之一，面對殺神如他，又奈何？

首回合的比分如此懸殊，次回合是否會淪為過場？尤文圖斯素以意志力頑強而著稱，當然不會輕易放棄，所以哪怕是做客伯納烏球場，他們依然發起了凶猛的反擊，一上來就打得皇馬暈頭轉向。

開場僅 2 分鐘，曼朱基奇（Mandžukić）就在禁區內頭球破門，進球速度比 C 羅還快。

第 37 分鐘，還是曼朱基奇，還是頭球叩關，梅開二度！「斑馬軍團」已經 2 比 0 領先。

第 60 分鐘，道格拉斯‧科斯塔（Douglas Costa）右路傳中，納瓦斯在馬度迪（Matuidi）的干擾下撲球脫手，法國中場補射打入空門，3 比 0，阿萊格里的球隊竟然將總比分扳平了！

此時，比賽還剩 30 分鐘才結束呢，尤文圖斯士氣極盛，隨時都有可能再進一球逆轉總比分。

但是，皇馬有 C 羅，被逆轉這種丟盡臉面的事，他怎能容許發生在自己身上？從來都只有他逆轉別人的份！

時間一分一秒流逝。傷停補時第 3 分鐘，克羅斯挑傳，C 羅以頭球傳球，尤文圖斯中衛賓拿迪亞（Benatia）在禁區內從背後撞倒了瓦斯奎茲，當值主裁奧利弗判罰球，還把激烈抗議的

布馮紅牌罰下！面對替補登場的什琴斯尼（Szczęsny），C羅將罰球轟入球門右上角，這也是歐冠歷史上常規時間內最晚罰進的球。

絕殺之後，C羅再次脫掉球衣，亮出一身魔鬼般的肌肉！伯納烏球場熱鬧非凡、頂禮膜拜。

這顆罰球有多重要？1比3，皇馬雖然難逃次回合的失利，但仍以4比3的總比分有驚無險地闖入歐冠四強！而C羅，也完成了連續11場歐冠都有進球的驚天偉業，歐冠總進球數亦達到120球的里程碑。

半決賽面對拜仁慕尼黑，C羅的進球腳步終於停止了。但是，他的隊友們站了出來，幫助領袖分擔重任。首回合，進球功臣是馬塞洛和阿森西奧；次回合，輪到本澤馬梅開二度。一勝一平，皇馬淘汰德甲常勝軍，連續第三個賽季闖入歐冠決賽！

三連冠登基加冕

2016年，皇馬在歐冠決賽中遇到了西甲的馬德里競技，戰而勝之；2017年，皇馬在歐冠決賽中遇到了義甲的尤文圖斯，戰而勝之。2018年5月26日的基輔奧林匹克球場，他們在歐冠決賽中遇到的對手，換成了來自英超的利物浦，這次還能戰而

勝之嗎？

從多特蒙德到利物浦，德國人克洛普（Klopp）再次站到了皇馬的對面。

自從 2015 年 10 月執起「紅軍」的教鞭以來，他將自己的「搖滾足球」風格深深植入這家英超豪門，帶領曾經的歐冠五冠王走在復興的偉大道路上。

2018 年冬季轉會期，「渣叔（克洛普）」從英超球隊南安普敦引進了荷蘭國腳中衛范戴克（Van Dijk），很大地增強了後防線的實力和穩定性。范戴克的中衛搭檔，是克羅埃西亞國腳洛夫倫（Lovren），他們的兩側，則是助攻能力超強的英格蘭右後衛阿諾德（Arnold）和蘇格蘭左後衛羅伯森（Robertson）。

中場，有亨德森（Henderson）、維納爾杜姆（Wijnaldum）、米爾納（Milner）坐鎮；鋒線三叉戟，則是叱吒英超的「紅箭三俠」——「埃及梅西」薩拉赫（Salah），「塞內加爾 C 羅」馬內（Mané），巴西國腳費爾米諾（Firmino）。

如果說這支利物浦還有唯一的軟肋，那就是德國門將卡里烏斯（Karius）了。

席丹排出了與上賽季歐冠決賽完全相同的首發陣容：C 羅和本澤馬聯袂鋒線，貝爾暫坐替補席；伊斯科擔任前腰，他的身後是莫德里奇、托尼·克羅斯、卡塞米洛的「典禮中場」；後防線有拉莫斯、瓦拉內、馬塞洛和卡瓦哈爾，門將還是納瓦斯。

　　C 羅 PK 薩拉赫！這是賽前全世界媒體都在瘋狂炒作的熱點。而從球員通道開始，兩人之間似乎就擦出了激烈的火花：C 羅對薩拉赫發出了「死亡凝視」，眼神冷酷地一瞥，彷彿要吞掉對手一般。

　　比賽開始之後，利物浦的攻勢很是猛烈，皇馬一度陷入非常被動的局面。所幸，納瓦斯的狀態依舊出色，高接低擋，力保城門不失。

　　正當人們以為皇馬遲早都要丟球之時，轉捩點在第 26 分鐘突然出現了！

　　在與拉莫斯爭鬥時，薩拉赫的肩膀被傷。經過隊醫檢查後，他一度回到場內，但終究還是無法繼續堅持，只能被拉拉納 (Lallana) 換下。離場時，「埃及梅西」留下了極度失望的淚水。

　　而此時此刻，C 羅的敵意已經全無，第一個時間趕過來擁抱和安慰薩拉赫。因為決賽開場不久就無奈傷退，這種痛，他最懂。

　　第 37 分鐘，卡瓦哈爾也因傷被納喬換下，不過論及損失，利物浦的顯然更大。

　　於是，皇馬逐漸扭轉局面，第 43 分鐘差點首開紀錄：伊斯科右路傳中，C 羅門前躍起以頭球攻門，卡里烏斯撲球脫手，本澤馬近距離凌空推射破門，但是，邊裁舉旗示意 C 羅越位在

先，進球無效。

第 51 分鐘，卡里烏斯再次犯錯，而且犯下的是「超級巨大的低階失誤」，並為此付出了真正的代價：他將克羅斯的挑傳攬入懷中，然後手拋球準備發動快速反擊。說時遲那時快，本澤馬剛好伸出一腳，將德國門將丟擲的球捅進球網！

不過，利物浦終究還是相當強悍。第 55 分鐘，米爾納右側角球傳中，洛夫倫力壓拉莫斯的頭球，馬內門前凌空墊射入網，頑強地將比分扳平。

此時，席丹令旗一揮：貝爾上場，換下伊斯科！而這一招，造成了決定性作用。

第 64 分鐘，馬塞洛左路傳中，剛剛替補出場的貝爾，就像半決賽的 C 羅那般，展翅騰空、左腳倒鉤，球劃出了一道美麗的弧線，墜入球門，2 比 1 ！皇馬再次領先。

第 83 分鐘，貝爾 25 公尺外左腳突施冷箭，結果，卡里烏斯又失誤了。這一次，他犯的是「奶油手」，讓球從他的手邊漏進網內。

替補雙響，「大聖」瘋狂！就這樣，皇馬以 3 比 1 的比分擊敗利物浦，完成了歐冠改制以來史無前例的三連冠偉業，歐冠總奪冠次數也達到 13 次，遙遙領先於歐洲群雄。席丹更是成為歷史上第一位率隊連續三個賽季問鼎歐冠冠軍的主帥。

西班牙《阿斯報》調侃道：這是一場不需要 C 羅出手的決

賽，因為卡里烏斯的兩次自殺性失誤，就足以把冠軍拱手送給皇馬。

當然，C羅在最後時刻還有機會單刀破門，可令人沒有想到的是，場上突然出現一個不速之客，保全進場將其制服的同時，比賽也被迫中斷。

雖然決賽顆粒無收，但他的15顆歐冠進球，尤其是八分之一決賽和四分之一決賽的6顆進球，個個寶貴，至關重要，所以，C羅依然是皇馬成就三連冠的頭號功臣。

懷中抱著大耳聖盃，C羅亮出了五根手指。

是的，他如願以償地捧起了個人的第五座歐冠獎盃，反超四冠的梅西，成為歐冠改制以來奪冠次數最多的球員，沒有之一！

這是怎樣的豐功偉業？無論用多麼華麗的語言來形容，大概都會顯得蒼白無力。思來想去，還是這麼說吧：利物浦、巴薩、拜仁，三大歐洲傳統豪門的隊史歐冠冠軍數量，也不過和他一個人的一樣多。

　　基輔的奧林匹克球場，就是 C 羅的巴黎聖母院、西敏寺、太和殿。從里斯本到曼徹斯特，從莫斯科到馬德里，從米蘭到卡地夫，用了 16 年的時間，他終於走到了這裡，登上寶座，加冕皇冠，正式成為「歐冠之王」！

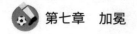

第七章　加冕

第八章　挑戰

　　「看看是誰抵達了杜林機場？」尤文圖斯俱樂部在其官方社群媒體帳號上寫道。答案只有一個——C羅。當他從私人飛機上走下來的那一刻，一段新的征程、一個新的挑戰就開始了。「我的生涯中從來不存在簡單二字，我喜歡走出我的舒適區。這確實是個挑戰，我會迎接它，要不我還能做什麼呢？」

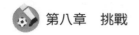

朝來告別驚何速

　　歐冠決賽結束後，C羅再次與喬治娜上演動情激吻。然而，還是有記者抓著他決賽沒進球的小事不放，一問再問，因而激怒了他：「誰是本賽季的歐冠最佳射手？也許歐冠應該改名了，改叫CR7冠軍聯賽！我當然生氣，每場比賽我都想要進球……誰贏得了最多歐冠？誰打入了最多進球？我又拿到了歐冠金靴，我沒什麼好傷心的。」

　　更令「美凌格」心驚的，則是C羅說的另外一句話：「現在就是享受這一刻，幾天之後，我會給支持我的球迷們一個答覆。在皇馬的日子非常美妙。」最後一句「Fue muy bonito estar en el Madrid」，C羅用了葡萄牙語裡的過去式──難道，皇馬要成為他的過去了？

　　在混合採訪區，對著媒體的話筒，他的言辭甚至更加激烈：「我忍啊忍，然後忍不住了。老問題了，與錢無關。我拿到了五個歐冠冠軍、五個金球獎，我已經譜寫了歷史。我現在並不憤怒，因為我知道我給球隊帶來了什麼，我不想讓這一獨特的時刻黯然失色，我和隊友們剛剛成為冠軍。我不希望在此時說些什麼，這會讓我自己感到窒息，但是，確實會發生一些事情。一週之內，我會給出我的答案。」

　　伯納烏的慶祝儀式上，八萬名皇馬球迷齊聲高呼：「請留

下！」可是，C羅感謝了俱樂部，感謝了球迷的支持，卻並未就未來做出明確的表態。而第二天，他就在家中的健身房裡開始苦練。

　　一週之後，C羅並沒有兌現自己的諾言，反倒是皇馬主帥席丹在5月31日率先公布了自己的決定：主動辭職，功成身退！而「席祖」的離開，讓C羅更加堅定了離隊的決心。

　　於是7月10日，世界足壇最具轟動效應的轉會誕生了：C羅正式告別皇家馬德里，加盟尤文圖斯，轉會費1億歐元，另有2,000萬歐元的附加條款，這創造了30歲以上球員的轉會費紀錄！

　　那麼，C羅為何會離開皇馬呢？

　　有人認為是錢：他在皇馬的最後一份合約，年薪是2,100萬歐元，低於內馬爾的3,700萬歐元，甚至連梅西5,000萬歐元的一半都不到。而皇馬開出的續約合約裡，年薪只有3,000萬歐元，這讓C羅感到很受傷。

　　但是，這種觀點根本不值一哂，因為C羅在尤文圖斯的年薪就是3,000萬歐元，如果是錢的原因，那麼他還不如留在皇馬呢，何必去一個完全陌生的環境呢？而且，如果想賺更多的錢，C羅當時完全可以去其他國家踢球，其他聯盟的豪門們絕對會為他揮舞鈔票，心甘情願地奉上超過皇馬、尤文圖斯五倍的薪水！

真正的原因，是他在皇馬感受不到認可與信任。換句話說，弗洛倫蒂諾想要把他趕走。

雖然，C 羅是在「老佛爺」的任期裡加盟皇馬的，但是前任主席卡爾德隆力主引進的，所以，他一直都不是弗洛倫蒂諾的「自己人」。皇馬主席對此始終耿耿於懷，高價買入貝爾，就是想讓他取代 C 羅。

而在 C 羅飽受逃稅風波困擾之時，皇馬也只是給予口頭上的支持，實則並沒有透過俱樂部的官方身分來提供支持和幫助，私底下推薦給他的幾個法務代理，反倒讓他惹上了麻煩。

2017 年西超盃，C 羅遭到禁賽 5 場的處罰，皇馬也沒有積極為他申訴，這些都讓 C 羅感到無比寒心。

歸根結柢，還是弗洛倫蒂諾認為 C 羅年紀太大了、養著太貴了，既然能賺回 1 億歐元的轉會費，還能甩掉薪資上的巨大包袱，何樂而不為？反正這早就不是他第一次拋棄俱樂部功勳了，耶羅（Hierro）和勞爾不就是被他趕走的嗎？所以，根本沒有任何的心理負擔和壓力。

在親筆告別信中，C 羅：「感謝俱樂部、感謝主席、感激教練、感謝我的隊友，感謝所有技術人員、隊醫、理療師，還有所有在這裡工作的人們……還想再一次感謝我們的球迷，也想要感謝一下西班牙足球。」

　　但在 2018 年 10 月接受《法國足球》雜誌採訪時，他吐露了真正的心聲：「我感覺在俱樂部內部，尤其是主席，並沒有像一開始那樣重視我了。在皇馬的前四、五年時間，我能感受到我就是 C 羅。但之後，這種感覺越來越少了，主席看我的眼神意味不同了，就好像我不再是他們不可或缺的一員，這就是我離開皇馬的原因。」

　　皇馬真的不需要 C 羅了嗎？看看「後 C 羅時代」，他們在歐冠取得的成績，你就能知道答案了：2018-2019 賽季，止步 16 強；2019-2020 賽季，還是倒在八強的大門之外。

　　也就是說，失去 C 羅之後，「銀河戰艦」重新變回了「歐冠 16 郎」，真是夠諷刺的。而接過 C 羅 7 號衣缽的比利時邊鋒伊登‧阿扎爾（Eden Hazard），至今仍然無法找回他在切爾西效力時的巔峰狀態。

我有嘉賓鼓瑟琴

　　皇馬不要 C 羅，但尤文圖斯需要！

　　尤文圖斯是義甲的霸主，已經完成聯賽七連冠，在義大利國內找不到對手。可是，他們上一次奪得歐冠冠軍，已經是 1996 年的遙遠往事了，這與「義甲第一豪門」的身分不符，更受到死敵球迷的恥笑。而在親身體會過 C 羅的巨大威力之後，「斑

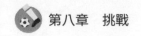

馬軍團」堅信 C 羅能夠為他們帶回夢寐以求的大耳聖盃。

更何況，C 羅能給「斑馬軍團」帶來的不只有競技價值，還有極高的經濟價值、商業價值，能賣球衣、拉贊助、吸聲量、漲粉絲。他所引發的這些場內場外的效應，都能讓尤文圖斯超越國際米蘭、AC 米蘭等勁敵，在義大利足壇獨領風騷。

所以，尤文圖斯才會毫不猶豫地掏出了 1 億歐元的轉會費，買來一位已經 33 歲的老將。

如果單純從自然規律與體育科學的角度來看，33 歲老嗎？對於大多數球員而言，的確如此：職業生涯最輝煌的歲月已經過去，該找個地方養老或者淘金了。

但是，對於 C 羅而言，還遠遠談不上一個「老」字！

他依然是歐冠最佳射手，依然能夠一個賽季在 44 場各項賽事中打入 44 球，場均 1 球。而離開皇馬之後，C 羅有了更充足的動力來證明自己廉頗未老，來證明不是自己不行了，而是皇馬賣錯了人！

奪得義甲冠軍，是尤文圖斯的常規操作。C 羅到來的第一個賽季，也就是 2018-2019 賽季，「斑馬軍團」就成功折桂，成就了八連冠偉業。他也用實際行動迅速打臉所有質疑者：31 場聯賽攻入 21 球！像征服英超、西甲那樣，征服了歐洲五大聯賽裡的又一家。

2019-2020 賽季，35 歲「高齡」的 C 羅，狀態只有更加出色：

33 場聯賽斬獲 31 球，場均又將近 1 球，再創新高，也完成了個人的義甲兩連冠，尤文圖斯也豪取義甲九連冠；各項賽事，他更是貢獻 37 球，一舉打破了隊史塵封 95 年之久的單賽季進球紀錄！

然而，在 C 羅和尤文圖斯最想正名的歐冠賽場上，他們卻遭遇到了波折與打擊。

路漫漫其修遠兮

與 9 年前加盟皇馬時的豪言壯語相比，C 羅在尤文圖斯的首場公開記者會上談到歐冠冠軍的話題時卻異常低調：「每個人都想贏得歐冠冠軍，但是這很難。尤文此前距離奪冠僅有一步之遙，我希望自己能給球隊帶來幫助。但即便能夠最終走到決賽，也沒人能保證 100% 最終捧盃，我希望自己是那個幸運符。」

五年四冠，歐冠三連，反而讓 C 羅切身感受到了問鼎歐冠的難度有多大，所以，迎來全新挑戰的他依然胸懷壯志，但是更願意用場上的進球來說話。

首個賽季，尤文圖斯與曼聯、瓦倫西亞、瑞士球隊伯爾尼年輕人同分在一個小組。

　　首戰「蝙蝠軍團」，C羅第一次代表新東家出征歐冠，結果開場 29 分鐘，就被直接紅牌罰下！這樣的劇本，真是讓人大跌眼鏡。

　　這是 C 羅歐冠生涯 154 次出場吃到的第一張紅牌。冤不冤？冤！

　　其實，他只是在與對方後衛穆里略（Murillo）發生碰撞之後，用手「摸」了一下對方的頭。但是，當值主裁布呂希在詢問底線裁判的意見之後，認定 C 羅這是暴力行為，直接亮出紅牌，將其罰出場外。

　　尤文圖斯上下都為 C 羅喊冤。

　　後衛博努奇（Bonucci）表示：「我認為這是一次非常正常的衝突。穆里略先把手放在 C 羅身上的，然後他做出了反應。」

　　主教練阿萊格里說道：「VAR 會在這個決定中支持裁判，因為在歐冠這樣的賽事裡，一支球隊只能 10 人應戰，令人失望。接下來的比賽，我們會很想念 C 羅。」

　　歐足聯在調查取證之後，認定 C 羅的行為並不構成暴力，不會追加處罰。只是因為事後的調查並不能改變裁判在場上的判決，所以，紅牌沒法撤銷，C 羅將自動停賽 1 場，但不會缺席與老東家曼聯的兩回合比賽。

　　解禁復出之後，C 羅兩戰「紅魔」，當時，對方的主帥已經換成了若瑟・穆里尼奧。

　　第一戰，他又一次回到了老特拉福德球場，雖然沒有再次攻破舊主的城門，但尤文圖斯憑藉阿根廷前鋒迪巴拉（Dybala）的唯一進球，還是從客場帶走 3 分。

　　第二戰，C 羅在比賽第 65 分鐘轟出遠射世界波，終結了歐冠連續 453 分鐘、20 腳射門不進的球荒。

　　這一次，C 羅沒有再「客氣」，他張開雙臂，激情慶祝，似乎弗格森退休之後，曼聯也不再是他曾經深愛的曼聯了。然而讓人料想不到的是，「魔力鳥（穆里尼奧）」的球隊竟然在最後 4 分鐘內連進兩球，完成了逆轉！

　　不過，這場失利並沒有影響到尤文圖斯的出線，他們以小組第一的身分，挺進歐冠 16 強。而在八分之一決賽，C 羅竟然又遇到了那個無比熟悉的對手 —— 馬德里競技，真是人生何處不相逢啊。

　　當馬德里德比已成追憶，2014 年和 2016 年的兩場歐冠決賽已成絕響，不知此時的 C 羅是否會回想起皇馬時代的點點滴滴？也許還沒習慣這種轉變，首回合重返馬德里，做客卡爾德隆球場，他未能有所建樹，「斑馬軍團」也最終以 0 比 2 失利。

　　回到杜林、回到尤文圖斯競技場，那個「馬競剋星」還是回來了！還是熟悉的配方，還是熟悉的味道，尤文圖斯 3 比 0 大勝，上演史詩級逆轉，而這三顆進球，全部是 C 羅一個人打入的！

比賽第 27 分鐘，貝納德斯奇（Bernardeschi）左路送出傳中，C 羅後點躍起，力壓胡安法蘭，頭球衝頂破門，首開紀錄！

第 49 分鐘，坎塞洛（Cancelo）右路傳中，C 羅禁區中路再次頭球衝頂，儘管奧布拉克將球單掌擊出，但影片回放提示，球已經整體越過門線，進球有效！尤文圖斯扳平總比分。

第 85 分鐘，貝納德斯奇突入禁區之後被科雷亞推倒，當值主裁判罰球，C 羅右腳主罰一蹴而就，3 比 2！尤文圖斯翻盤了！

順境看 C 羅，逆境看 C 羅，絕境還看 C 羅。從皇馬到尤文圖斯，這一點從來沒有改變。有名足球解說員感慨道：「34 周歲的人，這麼好的狀態，越是關鍵時刻，越能挺身而出。」他，說出了所有「尤文蒂尼（尤文圖斯球迷）」的心聲！

這是 C 羅在歐冠賽場上演的第 8 次帽子戲法，追平了梅西保持的歷史紀錄。誰說他老了？誰說他不行了？「歐冠之王」只有兩個字：呵呵！

四分之一決賽，尤文圖斯遇到了本賽季的最大黑馬阿賈克斯。荷甲豪門擁有德里赫特（De Ligt）、弗蘭基‧德容（Frenkie de Jong）、范德貝克（Van De Beek）、齊耶赫（Ziyech）等天才新星，攻守兼備、朝氣蓬勃，小組賽對陣拜仁慕尼黑就不落下風，又在八分之一決賽淘汰了 C 羅的前東家皇馬。

面對「青春風暴」，C 羅賽前表示自己還年輕，還能在場上

和 20 歲出頭的小夥子們一較高下。而首回合比賽第 45 分鐘，他也亮出了代表性的頭球衝頂，為「斑馬軍團」從阿姆斯特丹競技場帶走 1 分，立下汗馬功勞。

次回合回到主場，還是頭球，C 羅接皮亞尼奇（Pjanić）角球傳中，中路俯身衝頂破門，又一次叩關得手。只是這一次，C 羅「雙拳難敵四手」：范德貝克扳平比分，德里赫特還以頭球。最終，尤文圖斯以 2 比 3 的總比分不敵阿賈克斯，無緣歐冠半決賽！

自從 2009-2010 賽季以來，C 羅第一次沒有進入歐冠四強。不過，他已經竭盡全力扛著尤文圖斯前進了 —— 本賽季的歐冠淘汰賽，「老婦人」全隊一共就進了 5 個球，全部是由他一個人貢獻的！尤文圖斯也越來越像 C 羅一個人的球隊。

吾將上下而求索

2019-2020 賽季，阿萊格里離任，「老婦人」聘請薩里（Sarri）擔任球隊的新帥，C 羅則繼續向著個人的第六個歐冠冠軍發起衝擊。

小組賽，義甲豪門又抽到了馬德里競技，同組對手還有德甲球隊勒沃庫森、俄羅斯勁旅莫斯科中央陸軍。

首輪，他們與馬競 2 比 2 握手言和，遺憾的是，C 羅未能再破「床單軍團」的城門。

但第二輪對陣「藥廠（勒沃庫森）」，他不僅打入 1 球，還創造了多項歐冠紀錄：

連續第 14 個歐冠賽季有進球入帳，追平了梅西與勞爾保持的紀錄；獲得歐冠第 150 場勝利，打破了卡西利亞斯保持的勝場紀錄；對陣 33 個不同的歐冠對手破門得分，追平了勞爾保持的紀錄。

第四輪與莫斯科中央陸軍一戰，C 羅又迎來了個人第 174 場歐戰比賽，追平保羅‧馬爾蒂尼，排名歷史第二，僅次於 188 場的卡西利亞斯。

最後一輪再戰勒沃庫森，他接迪巴拉助攻，推射空門得手，打進個人歐冠正賽的第 131 球，繼續高居歷史射手榜榜首！

最終，尤文圖斯以隊史歐冠小組賽最高的 16 分，成功拿到頭名，強勢晉級 16 強。而他們在八分之一決賽的對手，是法甲球隊里昂。

2020 年 2 月 26 日，尤文圖斯飛往法國，參加首回合較量。

在新年以來的 9 場賽事裡，C 羅場場建功，狀態極佳。但這一次，他遭到了對手的嚴密盯防和限制，直到比賽第 35 分鐘才完成第一腳射門，全場也只有 4 腳射門，無一射中門框範圍之內。最後時刻，他還在對方禁區內倒地，可惜，主裁曼薩諾

拒絕判罰球。

里昂在第 31 分鐘由圖薩爾（Tousart）打入唯一進球，1 比 0 小勝。不過這樣的比分，尤文圖斯還是可以接受的，因為回到主場，他們完全有機會和能力逆轉翻盤。

然而，突如其來的新冠肺炎疫情打亂了所有計畫！3 月，義甲宣布停擺，歐洲五大聯賽停擺，歐冠也跟著停擺，全世界幾乎所有足球聯賽都停擺了，何時複賽？遙遙無期，甚至無法排除本賽季直接取消的可能性。

就這樣苦苦等待了五個月的時間，歐冠才終於重新恢復，改在德國集中進行剩餘的淘汰賽階段比賽。

2020 年 8 月 7 日，這場遲來的第二回合較量上演了。而開場第 10 分鐘，本坦庫爾（Bentancur）在禁區內劕倒奧亞爾被判極刑，孟菲斯‧德佩（Memphis Depay）罰球，以吊射破門，讓尤文圖斯陷入了更大的被動局面當中。

關鍵時刻，還是 C 羅挺身而出。第 41 分鐘，德佩禁區內手球犯規，他在罰球時，以右腳低射建功，1 比 1！第 60 分鐘，C 羅禁區前擺脫防守，左腳轟出一腳世界波，饒是里昂門將洛佩斯（Lopes）單掌一撲，球依然擊中門柱，反彈入網，2 比 1！總比分被扳成 2 比 2 平。

梅開二度，35 歲的 C 羅真的拼了。可惜的是，沒有隊友能夠站出來為他分擔壓力。最終，里昂的客場進球還是比尤文圖

斯多一個，薩里的球隊就此飲恨出局 ── 上賽季至少還進了八強，這一次直接在 16 強就折戟沉沙。

雖然薩里率隊在聯賽中提前兩輪衛冕，完成了義甲九連冠的霸業，可尤文圖斯在義大利盃和義大利超級盃中均與冠軍無緣，歐冠早早出局更是讓球隊高層十分不滿。2020 年 8 月 8 日，尤文圖斯官方宣布薩里下車，7 月 30 日才剛剛出任尤文 U23 青年隊主教練的皮爾洛（Pirlo）被直接推上一線隊主教練的位置，有席丹在皇馬執教成功的案例，尤文圖斯高層相信皮爾洛可以率隊在歐冠上完成突破。

2020 年是不尋常的，新冠肺炎疫情給足球、給世界帶來了巨大影響和改變。即便強壯自律如 C 羅，也未能避免「中招」，在 2020 年 10 月他不幸確診新冠肺炎。

所幸，新冠病毒對他的身體健康與競技水準沒有造成太大影響，康復之後的 C 羅依舊神勇，可尤文圖斯全隊整體的狀態卻在 2020-2021 賽季出現巨大的起伏。

球員時期球風優雅的皮爾洛是公認的中場大師，執教之後他推崇的也是瓜迪奧拉式的傳控踢法。但可惜的是尤文的陣容配置並不能完全滿足他的打法要求，為了完成所謂的「技術革命」，尤文昔日賴以成功的穩固防守也漸漸動搖。

初次執教缺乏經驗的皮爾洛在臨場變化和隨機應變方面也顯示出明顯的不足，尤文圖斯不僅在聯賽中早早落後，歐冠賽

場上也沒能完成突破：八分之一決賽面對實力並不突出的波多，尤文圖斯首回合客場 1 比 2 不敵對手，回到主場奇薩（Chiesa）的梅開二度一度讓尤文圖斯看到希望，可奧利維拉（Oliveira）在加時賽的任意球破門直接擊潰了尤文圖斯。

缺少隊友支持的 C 羅沒能成為挽救球隊的英雄，連續兩年止步歐冠 16 強的成績更讓他難以接受。已經度過 36 歲生日的 C 羅，已經超越貝利，成為世界足球歷史上正式比賽進球最多的球員，他還在不斷重新提高自己保持的歐冠歷史進球紀錄，而他創造的每一顆進球，都在將紀錄提高到後人難以企及的高度。

C 羅曾經多次說過，自己至少會踢到 40 歲。這意味著，他還有充足的時間，去迎接一個又一個的挑戰，去創造新的歷史、書寫新的傳奇。

2021 年夏天，以衛冕冠軍的身分，C 羅帶領葡萄牙國家隊再次出征歐洲盃，雖然在 16 強戰就鎩羽而歸，但他還是贏得歐洲盃金靴獎。不過，比衛冕失利史令整個足壇震動的，還是 C 羅又一次做出職業生涯的重大抉擇：離開尤文圖斯。

提出轉會申請的 C 羅，一度無限接近英超豪門曼城，但當老東家曼聯丟擲橄欖枝的時候，一切都水到渠成。

中原標準時間 2021 年 8 月 27 日晚，曼聯官方正式宣布與 C 羅簽約兩年。

12 年之後，C 羅回到夢開始的地方，這在世界足壇是一個

多麼完美的故事。而 C 羅也將重新披上「紅魔」戰袍，開啟新的
征程。

2009 年 C 羅離開曼聯時，只有 24 歲，風華正茂；2021 年，
當他回歸曼聯時，已經 36 歲，廉頗老矣，尚能飯否？這是全世
界媒體和球迷提出的疑問。

還有更多的疑問，在等著他來回答：相比於 12 年前，英超
的強隊更多、競爭更加激烈、體能對抗依然凶猛，C 羅雖然仍
是「魔鬼筋肉人」，但畢竟年事已高，身體能否吃得消？前隊友
索爾斯克亞（Solskjær）執教的這支曼聯，與弗格森統領的那支
冠軍之師相比，早已天翻地覆、滄海桑田。C 羅回歸後能否適
應和融入，這齣「浪子回家」的大戲，又將迎來怎樣的大結局？

前路必定艱險，未來不可預測。

對於曼聯來說，自從 C 羅走後，就再也沒有染指過歐
冠冠軍。「紅魔」有拉什福德（Rashford）、格林伍德（Green-
wood）、桑喬（Sancho）等極具天賦的年輕人，有布魯諾‧
費爾南德斯（Bruno Fernandes）、博格巴（Pogba）這樣的世界
級球星，還在 2021 年夏季轉會期從皇馬引進「冠軍後衛」瓦
拉內（Varane），他們現在唯一欠缺的，就是 C 羅這樣一位真
正的「歐冠之王」。

　　而對於 C 羅來說，回到曼聯、回到「夢劇場」，再次聆聽球迷唱著〈C 羅之歌〉，既演繹了一出讓無數曼聯球迷淚奔的夢幻童話，也更有機會衝擊個人第 6 座大耳盃了。

　　在曼徹斯特，C 羅曾經第一次品嘗到歐冠冠軍的滋味。兜兜轉轉，走過馬德里和杜林，12 年後，「歐冠之王」又回到這裡。本寧山脈的風仍在呼嘯，艾爾河的水仍在流淌，「小小羅」早已不見，但 C 羅依然還是那個 C 羅，他只是想在「歐冠之王」的皇冠上，再鑲嵌上一顆璀璨的明珠。

　　新的征程，就從 2021 —— 2022 賽季開始吧！

第八章　挑戰

結語

讀者朋友們、球迷朋友們，看到這裡，你還會懷疑 C 羅「歐冠之王」的身分嗎？

如果還有一絲懷疑的話，那麼以下這些數據，會徹底將其打消。

5 冠，歐冠改制以來最多；

134 球，歐冠歷史總進球數最多；

25 球，歐冠八分之一決賽歷史進球最多；

13 球，歐冠半決賽歷史進球最多；

4 球，歐冠決賽歷史進球最多；

67 球，歐冠淘汰賽階段歷史進球最多；

17 球，歐冠單賽季歷史進球最多；

歷史上唯一一位三屆歐冠決賽都有進球的球員；

…………

縱觀 C 羅的「成王之路」，最令人感動與欽佩的，還不是他所取得的輝煌成就，而是他的一路闖關、一路逆襲。

2007 年 4 月之前，他的歐冠正賽進球數還是 0，歐冠冠軍數也是 0。在他面前，還有勞爾、范尼斯特魯伊、亨利、迪斯蒂法諾、普斯卡斯、尤西比奧、菲利普·英薩吉、路易斯·菲戈、卡卡等眾多足壇巨星，而比他小兩歲的梅西，已有 4 球 1 冠在手。

然而，14 年來，C 羅不斷前進、不斷超越、不斷攀登，將包括梅西在內的所有對手，都甩在了身後，終於登上最高峰，成就第一人。

　　這從來不是一齣讓人痛快的戲碼，其中的艱難險阻與困難，絕非常人與外人所能想像與體會。那麼，C 羅成功的祕訣是什麼？

　　首先是天賦。沒有天賦，一切休提；沒有超卓的天賦，斷然成不了世界級巨星，這是足球世界裡的絕對道理。

　　有人會說：C 羅有什麼天賦啊？連過人都過不了。這麼說的人，要麼是沒看過曼聯時期那個花招百出的少年，要麼是隨眾人起舞，沒看過 C 羅在尤文圖斯的比賽。

　　即便已經 36 歲，C 羅依然能突破、能過人，只不過他對比賽的理解不同了，比賽的方式也隨之發生了變化，所以，才會成就現在的歐冠射手王、足壇射手王。

　　誠然，C 羅的絕對技術與天賦，可能略遜於梅西，但最多的歐冠進球，最多的歐冠冠軍，足以證明他的天賦一直都是最頂級之一，尤其是在把握機會和射門方面，已經達到了殿堂級、史詩級。

　　除了天賦，還有什麼？努力。不抽菸，不喝酒，只吃沙拉和水煮雞肉，曼聯隊友埃夫拉開玩笑：「千萬別去 C 羅家吃飯！」

結語

　　總是第一個來到訓練場，最後一個離開訓練場。加練是家常便飯，練罰球、練任意球、練左腳、練頭球，訓練場練完回家再練，節日、假日皆無休，歐冠三連冠的第二天，隊友們都忙著去度假了，他還泡在健身房。

　　除了天賦和努力，還有什麼？永不言敗的鬥志和好勝心。勝利，永遠是他的目標。舉個簡單的例子：打乒乓球輸給曼聯隊友里奧‧費迪南德，他都要苦練兩週，然後贏回來！

　　我輩皆凡人，沒有 C 羅那樣的絕世天賦，一生可能也賺不到他一個禮拜所賺的錢。但是，我們喜歡 C 羅、尊敬 C 羅、信仰 C 羅，難道只是因為他的天賦嗎？

　　當然不是！我們還欣賞他的努力、他的打拚、他的刻苦，佩服他的鬥志、他的決心、他的堅強，感嘆他的好勝心、他的意志力、他的專注度 —— 所有這些融為一體，才是一個真實的「歐冠之王」克里斯蒂亞諾‧羅納度，也是所有球迷在人生征途裡值得學習的榜樣。

歐冠十大對手

　　每次取得里程碑式的成就時，C 羅總會感謝四類人。第一類是他的家人和親密朋友，第二類是各個時期的隊友和教練，第三類是球迷，第四類則是他的對手們。截至 2020 年結束，C 羅在歐冠出場 178 次，遇到過的球員對手不計其數，而每一次失敗，都是對手給予的，都能刺激他奮發圖強，邁向成功；每一次成功，都是在與對手的激烈競爭中獲得的，可以說沒有優秀的對手，就沒有現在這個優秀的「歐冠之王」。

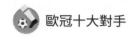

梅西

交鋒戰績
6 戰 2 勝 2 平 2 負
進球數據
C 羅 2 球，梅西 3 球

　　C 羅在歐冠賽場上的最強大對手是誰？毫無疑問，梅西！作為絕代雙驕、一生之敵，梅羅爭霸展現在各個方面、各條戰線、各種賽場，而兩人之間的首次直接交鋒，就是在 2007-2008 賽季的歐冠半決賽，C 羅的曼聯大戰梅西的巴薩，最終以前者取勝晉級並奪冠而告終。

　　不過，在 2008-2009 賽季的歐冠決賽上，C 羅輸掉了最重要的一場比賽，無緣衛冕歐冠冠軍，為曼聯生涯留下了一大遺憾。雙驕的最近一次碰面，則是 2020 年 12 月的歐冠小組賽，尤文圖斯客場 3 比 0 大勝巴薩，C 羅梅開二度。

諾伊爾

交鋒戰績

6 戰 4 勝 2 負

進球數據

C 羅 9 球，諾伊爾 0 球

　　拜仁門神諾伊爾，曾經是 C 羅面前的一座山。2011-2012 賽季歐冠半決賽，C 羅首回合未能攻破德國國門把守的城池，皇馬最終 1 比 2 告負；次回合，他雖然梅開二度，但「銀河戰艦」還是倒在了罰球大戰，「門衛」撲出了 C 羅罰的球！

　　不過，諾伊爾最終還是成為 C 羅成功路上的墊腳石：2013-2014 賽季的歐冠半決賽，2016-2017 賽季的歐冠四分之一決賽，C 羅 4 戰拜仁、4 戰諾伊爾，全部獲勝，更是連續三場比賽破門，一共打入 7 球！

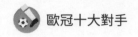

萊萬多夫斯基

交鋒戰績
7 戰 3 勝 2 平 2 負
進球數據
C 羅 5 球，萊萬 6 球

　　萊萬多夫斯基堪稱 C 羅在歐冠賽場上的一大勁敵，從多特蒙德到拜仁慕尼黑，波蘭神鋒總是能掀起一番龍爭虎鬥！兩人的首次碰面是在 2012-2013 賽季的歐冠小組賽，結果各入 1 球，平分秋色。而在那個賽季的歐冠半決賽，雙雄竟然重逢，萊萬爆發上演大四喜，率領多特 4 比 1 大破皇馬，C 羅則只有 1 球入帳，相形見絀。

　　不過，2016-2017 賽季的歐冠八強戰次回合，C 羅完成帽子戲法，力助皇馬經過加時賽驚險淘汰拜仁。兩人的最近一次相遇，是在 2017-2018 賽季的歐冠半決賽，C 羅和萊萬都沒有取得進球，但笑到最後、晉級決賽的還是前者。

戈丁

交鋒戰績

9 戰 5 勝 2 平 2 負

進球數據

C 羅 7 球，戈丁 2 球

　　馬競是 C 羅在歐冠遇到的最頑強對手之一，身為「床單軍團」的後防核心，烏拉圭中衛戈丁更是「頑強」的代名詞，而兩人的恩怨糾葛則始於馬德里德比之前：2008-2009 賽季歐冠小組賽，C 羅的曼聯就與戈丁的比利亞雷阿爾 0 比 0 互交白卷。

　　2014 年和 2016 年，C 羅和戈丁兩次在歐冠上演巔峰對決，最精彩的當屬頭一次，當時戈丁為馬競以頭球建功打破僵局，C 羅則在加時賽第 120 分鐘製造戈丁犯規，罰球鎖定勝局和歐冠冠軍。而 2016-2017 賽季歐冠半決賽首回合和 2018-2019 賽季歐冠 16 強戰次回合，C 羅更是兩次戴帽，打爆戈丁領銜的鐵血防線。

皮爾洛

交鋒戰績

10 戰 3 勝 3 平 4 負

進球數據

C 羅 7 球，皮爾洛 0 球

作為 C 羅的現任主帥，皮爾洛深知自己麾下頭號大將的厲害。年少時的 C 羅，曾經兩次敗給過皮爾洛的 AC 米蘭：2004-2005 賽季折戟歐冠 16 強，2006-2007 賽季止步半決賽。但是，2010-2011 賽季和 2013-2014 賽季的 4 場歐冠較量，逐漸進入巔峰期的 C 羅就再也沒有輸過。

2014-2015 賽季的歐冠半決賽，是 C 羅與球員時代的皮爾洛最後一次碰面。皇馬 7 號雖然兩回合各進 1 球，但還是難以挽回皇馬被尤文圖斯淘汰的敗局。當時恐怕沒人會想到，C 羅最終會加盟場上的對手，並且成為對方中場核心的弟子！

布馮

交鋒戰績

7 戰 3 勝 2 平 2 負

進球數據

C 羅 10 球，布馮 0 球

C 羅的現任隊友布馮，也是他在歐冠賽場上的老對手之一，而且兩人之間的爭奪，幾乎貫穿了皇馬 5 年 4 奪歐冠的整個過程！2013-2014 賽季，C 羅在「銀河戰艦」首次問鼎歐冠，小組賽就兩戰布馮的尤文圖斯。2016-2017 賽季歐冠決賽，皇馬決戰尤文圖斯，C 羅點射破門，率先攻破了布馮的十指關。2017-2018 賽季歐冠八強戰，C 羅再一次邁過了義大利門神這一關。

值得一提的是，歐冠生涯 7 次面對布馮，C 羅竟然場場都有進球，一共斬獲過 10 球，包括 3 次梅開二度，但兩人有著深厚的交情，可謂「英雄惜英雄」。

莫拉塔

交鋒戰績
5 戰 2 勝 1 平 2 負
進球數據
C 羅 5 球，莫拉塔 2 球

莫拉塔也是 C 羅在尤文圖斯的隊友，不過兩人的關係非常特殊：既在皇馬當過隊友，也在皇馬和尤文圖斯當過對手！2014-2015 賽季的歐冠半決賽，是他們的首次交鋒，當時 C 羅是皇馬 7 號，莫拉塔則是在 2014 年夏天從皇馬加盟尤文圖斯。兩回合較量，C 羅和莫拉塔各有 2 球入帳，「銀河戰艦」卻以 2 比 3 的總比分被「老婦人」淘汰出局。

2018-2019 賽季，C 羅來到尤文圖斯，莫拉塔卻經歷了回到皇馬、轉投切爾西、租借馬競的輾轉，成了「床單軍團」的一員。歐冠 16 強戰，尤文圖斯雖然首回合 0 比 2 輸球，但 C 羅在次回合上演帽子戲法，完勝莫拉塔和馬競。2019-2020 賽季歐冠小組賽，兩人又再次碰面，直到 2020 年夏天，莫拉塔租借回歸「斑馬軍團」。

皮亞尼奇

交鋒戰績

8 戰 4 勝 2 平 2 負

進球數據

C 羅 8 球，皮亞尼奇 1 球

波黑中場皮亞尼奇，是 C 羅在歐冠賽場上的老對手了。早在 2009-2010 賽季，當時皮亞尼奇還是里昂的中場新星，就幫助法甲豪門在歐冠 16 強戰爆冷門淘汰了 C 羅的皇馬。2015-2016 賽季，皮亞尼奇轉投羅馬，再戰 C 羅。2016-2017 賽季，他又去了尤文圖斯，結果還是與葡萄牙巨星狹路相逢，這次直接在歐冠決賽，而最終的贏家當然是 C 羅了。

2018 年，C 羅從皇馬加盟尤文圖斯，終於和皮亞尼奇成了隊友。沒想到僅僅兩年之後，波黑國腳奔赴巴薩，雙方再次成為對手，在 2020-2021 賽季的歐冠小組賽上迎來了第 8 次交手，真乃「不是冤家不聚頭」。

卡卡

交鋒戰績

4 戰 1 勝 3 負

進球數據

C 羅 1 球，卡卡 3 球

卡卡與 C 羅碰面的次數其實不算多，而且都是早在 C 羅效力曼聯時期，但回想起來，禁不住讓球迷高呼「青春回來了」！2004-2005 賽季的歐冠 16 強戰，年僅 20 歲的 C 羅大戰正值巔峰時期的卡卡，可惜兩回合兩個 0 比 1，曼聯惜敗於 AC 米蘭腳下。

2006-2007 賽季的歐冠半決賽，22 歲的 C 羅逐漸成長起來，也在首回合較量中打入 1 球，但兩場比賽的主角都是卡卡，卡卡先是在老特拉福德梅開二度，然後又在聖西羅打進 1 球，隻手淘汰了 C 羅和「紅魔」。

賓尼‧麥卡菲

交鋒戰績

2 場 1 平 1 負

進球數據

C 羅 0 球，麥卡錫 2 球

　　賓尼‧麥卡菲的名字，可能很多球迷之前都沒聽說過，這位出生於 1977 年的南非中鋒，卻是 C 羅的一個難以攻克的對手。事實上，兩人在歐冠賽場上只有過兩次相遇，都是在 2003-2004 賽季的八分之一決賽，曼聯對陣穆里尼奧的波多。首回合，葡超豪門 2 比 1 爆冷門取勝，而梅開二度的，正是這位麥卡菲！

　　次回合，兩隊在老特拉福德球場戰成 1 比 1 平，弗格森的球隊最終讓人意外地被踢出局，而這兩場比賽，C 羅都是替補登場，卻未能挽回頹勢，被麥卡菲完敗，曼聯生涯的首個賽季就止步歐冠 16 強。

十大經典戰役

　　截至 2020-2021 賽季結束，C 羅征戰歐冠，已有 180 場，排名歷史第二，僅次於 181 場的卡西利亞斯。而在這 180 場比賽裡，經典戰役更是數不勝數，於是問題來了：若是硬要從中挑出最為經典的十大戰役呢？那麼以下這十場大戰，最值得 C 羅的球迷們去銘記和回味。

10

🏆 2013-2014 賽季歐冠決賽，皇馬 4 比 1 馬競

　　C 羅在皇馬奪得的第一個歐冠冠軍。比賽第 36 分鐘，戈丁頭槌破網，馬競將領先優勢一直保持到傷停補時，拉莫斯神奇扳平，將比賽拖入到加時。第 110 分鐘，貝爾頭球建功，完成 2 比 1 逆轉。而第 118 分鐘，C 羅終於站了出來，左路回敲助攻馬塞洛擴大比分。第 120 分鐘，他又親自製造了戈丁的犯規，罰球命中，奪下冠軍賽點。

9

🏆 2017-2018 賽季歐冠 16 強戰首回合，皇馬 3 比 1 巴黎聖日耳曼

　　C 羅給法甲新貴好好上了一課。拉比奧率先為「大巴黎」打破僵局，第 45 分鐘，C 羅點射入網，扳平比分。第 83 分鐘，他又得阿森西奧助攻，用膝蓋將球撞入網，逆轉比分！最終率領皇馬成功翻盤。而次回合較量，C 羅又傳射建功，雙殺「大巴黎」。

8

🏁 2008-2009 賽季歐冠半決賽次回合，兵工廠 1 比 3 曼聯

英超內戰，首回合曼聯主場 2 比 0 輕取兵工廠。次回合做客酋長球場，C 羅先是助攻朴智星破門得分，然後又轟入一腳 25 公尺外的世界波遠射，繼續擴大比分。第 63 分鐘，曼聯發動經典的快速反擊，魯尼助攻，C 羅高速插上包抄得手，2 球 1 助攻，令范佩西（Van Persie）第 76 分鐘的進球全然無功。

7

🏁 2017-2018 賽季歐冠八強戰首回合，尤文 0 比 3 皇馬

比賽開始僅僅 3 分鐘，C 羅就接伊斯科的助攻後破門，閃電般出擊進球。第 64 分鐘，卡瓦哈爾禁區右側傳中，他更是騰空而起，打入了一記精彩至極、技驚四座的倒鉤！第 72 分鐘，C 羅助攻馬塞洛進球，完成 2 射 1 傳。而在次回合，當尤文圖斯 3 比 0 領先、扳平總比分時，還是 C 羅在第 97 分鐘罰球建功，拯救皇馬，沒有讓比賽進入加時。

6

⚑ 2016-2017 賽季歐冠半決賽首回合，皇馬 3 比 0 馬競

歐冠賽場的馬德里德比，C 羅在伯納烏球場主宰了比賽。開場第 10 分鐘，他就頭槌破門，第 73 分鐘和第 86 分鐘，右腳再下兩城，最終上演帽子戲法，3 比 0 的大比分，也讓皇馬一隻腳已經邁入歐冠決賽的門檻。

5

⚑ 2015-2016 賽季歐冠八強戰次回合，皇馬 3 比 0 沃爾夫斯堡

C 羅再現英雄本色。首回合客場，皇馬 0 比 2 爆冷門失利。生死存亡之秋，C 羅孤膽救主，86 秒之內連進兩球，比賽開始 17 分鐘就火速扳平總比分。第 77 分鐘，他又直接任意球破門，成功戴帽，以一己之力翻盤。

4

🔖 **2018-2019 賽季歐冠 16 強戰次回合，尤文 3 比 0 馬競**

　　加盟尤文圖斯的首個賽季，34 歲的 C 羅依然在書寫傳奇，宛如救世主降臨。首回合，「斑馬軍團」0 比 2 告負，陷入絕境。次回合坐鎮主場，C 羅大發神威，頭球連下兩城，扳平總比分，第 86 分鐘又親自罰球命中，獨中三元，完成大逆轉！

3

🔖 **016-2017 賽季歐冠八強戰次回合，皇馬 4 比 2 拜仁**

　　C 羅兩場 5 球，扛著皇馬前進。首回合，他就在安聯球場梅開二度，摘下 2 比 1 勝果。次回合回到伯納烏，萊萬罰球破門，扳平總比分，又是 C 羅挺身而出，頭球叩關再度反超。拉莫斯自擺烏龍後，比賽被迫進入加時，關鍵時刻，C 羅再進兩球，上演帽子戲法，一個人摧毀了德甲好萊塢。

2

🔲 2007-2008 賽季歐冠決賽，曼聯罰球 7 比 6 切爾西

C 羅的第一個歐冠冠軍到手，情節過程卻跌宕起伏。第 26 分鐘，他頭球破門首開紀錄，打入個人歐冠決賽的處女球，但蘭帕德扳平比分，將比賽拖入到加時乃至罰球大戰。C 羅罰出的球被切赫撲出，失聲痛哭，所幸隊友足夠給力，還是讓他捧起了大耳盃。

1

🔲 2016-2017 賽季歐冠決賽，皇馬 4 比 1 尤文

這是 C 羅在歐冠決賽上的唯一一次梅開二度。比賽第 20 分鐘，他反擊中接卡瓦哈爾的助攻首開紀錄，成為歐冠改制以來第一位在三屆不同的歐冠決賽中取得進球的球員。雖然曼朱基奇倒鉤扳平比分，但卡塞米羅轟入遠射，令皇馬再次反超。

第 64 分鐘，莫德裡奇送出助攻，C 羅再次破門，將比分擴大為 3 比 1，勝利的天平已經向「銀河戰艦」傾斜。補時階段，阿森西奧再下一城，皇馬鎖定 4 比 1 勝局，完勝歐冠兩連冠。

五大苦主

　　C 羅貴為「歐冠之王」，職業生涯至今已經 5 次捧起歐冠冠軍獎盃，但是，老話說得好：「失敗乃成功之母」，一路走來，他的輝煌旅程也是布滿荊棘與坎坷，在歐冠賽場上，他也有自己難以應付的「苦主」。

AC 米蘭

交鋒紀錄：6 戰 2 勝 1 平 3 負
個人數據：3 球

　　AC 米蘭是 C 羅在歐冠輸過次數最多的對手，也是最大的苦主。前 4 次交手，C 羅還都在曼聯效力：2004-2005 賽季歐冠 16 強戰，「紅魔」主客場輸了兩次 0 比 1，慘遭「紅黑軍團」雙殺；2006-2007 賽季歐冠半決賽，曼聯雖然主場 3 比 2 獲勝，但次回合被米蘭 3 比 0 翻盤，無緣最終決賽。

　　直到 2010-2011 賽季，C 羅才算是完勝了一次 AC 米蘭：歐冠小組賽首回合，他傳射建功，率領皇馬 2 比 0 取勝，次回合則從聖西羅球場帶走 1 比 1 平局。

巴薩

交鋒紀錄：6 戰 2 勝 2 平 2 負
個人數據：2 球

　　C 羅與巴薩的歐冠較量，基本上要麼在決賽，要麼在半決賽。2007-2008 賽季的歐冠半決賽，曼聯兩回合 1 比 0 力克「紅藍軍團」，挺進決賽，不過 C 羅兩場比賽都沒進球。2008-2009

賽季歐冠決賽，C 羅還是沒進球，坐視「紅魔」0 比 2 輸球丟冠。2010-2011 賽季歐冠半決賽，C 羅的皇馬又兩回合不勝巴薩，C 羅依然未能打破魔咒。

將近十年之後，2020-2021 賽季歐冠小組賽，C 羅終於再戰巴薩。首回合，他因為確診新冠肺炎而缺席，次回合做客諾坎普，C 羅大爆發，梅開二度，歐冠生涯首次對陣巴薩破門得分！

里昂

交鋒紀錄：12 戰 6 勝 4 平 2 負
個人數據：6 球

里昂是 C 羅在歐冠遇到次數最多的對手，沒有之一。總體來說，50%的勝率還算不錯，每兩場他就能攻進 1 球。不過對陣法甲豪門時，C 羅還是有兩次不愉快的經歷。

第一次是在 2009-2010 賽季的歐冠 16 強戰，皇馬首回合被馬干的一腳勁射擊敗，次回合雖然打入 1 球，但未能改寫 1 比 1 的平局，最終以 1 比 2 的總比分爆冷門出局，無緣八強。第二次是 2019-2020 賽季的歐冠 16 強戰，尤文圖斯抽到里昂，被認為碰上了「軟釘子」，結果首回合就 0 比 1 敗走。因為新冠肺炎疫情爆發，次回合較量直到 2020 年 8 月才復賽，C 羅雖然梅開二度，率隊 2 比 1 贏球，但還是因為客場進球少的劣勢，慘遭淘汰！

波多

交鋒紀錄：6 戰 2 勝 2 平 2 負
個人數據：1 球

2020-2021 賽季的歐冠 16 強戰，尤文圖斯看似又抽中「軟釘子」，這次他們的對手是波多。結果首回合較量，「斑馬軍團」就 1 比 2 爆出大冷門。次回合，尤文將比賽拖入到加時，卻在第 112 分鐘被奧利維亞任意球貼地斬破門，最終再次因為客場進球少的劣勢，連續兩個賽季止步歐冠 16 強！而這兩場比賽，C 羅一球未進。

巧合的是，17 年之前，C 羅已經被波多淘汰過一次。2003-2004 賽季，曼聯兩戰葡超豪門，只取得 1 平 1 負的成績，同樣是倒在歐冠 16 強戰！只有在 2008-2009 賽季的歐冠八強戰次回合，C 羅才第一次、也是唯一一次攻破波多的城門，那是一腳飛躍 40 公尺的超級遠射，也是他職業生涯最精彩的進球之一。

比利亞雷阿爾

交鋒紀錄：4 戰 4 平
個人數據：0 球

對於 C 羅來說，比利亞雷阿爾可以說是最古怪的一個苦主了。為何這麼說呢？因為他在歐冠賽場上 4 次與黃色潛水艇碰面，兩次是在 2005-2006 賽季的小組賽，兩次是在 2008-2009 賽季的歐冠小組賽，而這四場比賽，竟然都戰成 0 比 0 平局！當然，C 羅也是一球沒進了。

面對同一個對手，既沒贏過，也沒輸過；既沒進過球，也沒丟過球，這在 C 羅漫長的歐冠生涯裡面，絕對是獨一無二的存在。你說比利亞雷阿爾古不古怪？

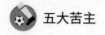

五大苦主

五大最愛之敵

　　算上資格賽，C羅的歐冠生涯，至今已經遇到過53支不同的對手球隊，而其中的一些對手，稱得上是他的心頭所愛。這裡的「愛」，指的並非C羅是這些球隊的球迷，實際上說的是每次與這些球隊交鋒，C羅總是能夠奉獻出相當精彩的表演，盡情展現出「歐冠之王」的本色。

尤文

交鋒紀錄：7 戰 3 勝 2 平 2 負

個人數據：10 球

　　C 羅在歐冠「最愛」的對手是誰？他的前東家 —— 尤文圖斯。7 次對陣尤文圖斯，他一共打入 10 球，是歐冠破門次數最多的球隊！2016-2017 賽季歐冠決賽，C 羅梅開二度，毀了「斑馬軍團」的奪冠美夢。2017-2018 賽季歐冠八強戰首回合，他又取得 2 球 1 助攻，率領皇馬 3 比 0 大勝尤文圖斯。正是因為被 C 羅踢怕了，所以「老婦人」才會在 2018 年夏天將其引進，攜手衝擊大耳金盃。

拜仁

交鋒紀錄：8 戰 5 勝 1 平 2 負

個人數據：9 球

　　拜仁，是 C 羅在歐冠「第二愛」的對手，已經 9 次攻破德甲南大王的城門。他的代表作，無疑就是 2016-2017 賽季的歐冠八強戰了。首回合，C 羅梅開二度，以一己之力率隊 2 比 1 取勝，征服安聯球場；次回合面對對手的反撲，他更是上演帽子戲法，兩場狂轟 5 球，加時淘汰勁敵。

馬競

交鋒紀錄：10 戰 6 勝 2 平 2 負

個人數據：7 球

歐冠 10 戰馬競，C 羅只在 3 場比賽裡有過進球，但每一戰都堪稱經典。第一場比賽，是 2014 年歐冠決賽，他 1 傳 1 射，幫助皇馬加時 4 比 1 擊敗死敵；第二場是 2016-2017 賽季歐冠半決賽首回合，獨中三元，斬獲 3 比 0 大捷，一戰踏入決賽；第三場是 2018-2019 賽季歐冠 16 強戰次回合，首回合尤文圖斯 0 比 2 告負，次回合他再次戴帽，完成 3 球大逆轉！

沙爾克 04

交鋒紀錄：4 場 3 勝 1 負

個人數據：7 球

C 羅與沙爾克 04 的交手次數不多，只有 4 次，但他場場都有進球：2013-2014 賽季歐冠 16 強戰，C 羅兩回合連場梅開二度；2014-2015 賽季歐冠，還是八分之一決賽，他首回合傳射建功，次回合再次獲得雙響，4 場 7 球，破門效率極高！

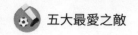

馬爾摩

交鋒紀錄：2 場 2 勝
個人數據：6 球

　　與沙爾克 04 相比，C 羅對陣瑞典球隊馬爾摩的場次更少，只有 2 場，都是在 2015-2016 賽季的歐冠小組賽。但是，他在首回合較量中就上演梅開二度的好戲；次回合坐鎮伯納烏，C 羅更是狂轟 4 球，完成了其歐冠生涯第一次也是迄今為止唯一一次大四喜！

電子書購買　　爽讀 APP

國家圖書館出版品預行編目資料

歐冠之王——Ｃ羅：跨越國界，統治歐洲的金球霸主 / 念洲 著 . -- 第一版 . -- 臺北市：崧燁文化事業有限公司 , 2024.05
面； 公分
POD 版
SBN 978-626-394-304-9(平裝)
1.CST: 羅納度 (Ronaldo, Cristiano) 2.CST: 運動員 3.CST: 足球 4.CST: 傳記 5.CST: 葡萄牙
784.628　　113006600

歐冠之王——Ｃ羅：跨越國界，統治歐洲的金球霸主

臉書

作　　　者：念洲
發 行 人：黃振庭
出 版 者：崧燁文化事業有限公司
發 行 者：崧燁文化事業有限公司
E - m a i l：sonbookservice@gmail.com
粉 絲 頁：https://www.facebook.com/sonbookss/
網　　　址：https://sonbook.net/
地　　　址：台北市中正區重慶南路一段 61 號 8 樓
8F., No.61, Sec. 1, Chongqing S. Rd., Zhongzheng Dist., Taipei City 100, Taiwan
電　　　話：(02) 2370-3310　　　傳　　真：(02) 2388-1990
印　　　刷：京峯數位服務有限公司
律師顧問：廣華律師事務所 張珮琦律師

-版權聲明

定　　　價：299 元
發行日期：2024 年 05 月第一版
◎本書以 POD 印製